I0052783

UNIVERSITÉ DE PARIS — FACULTÉ DE DROIT

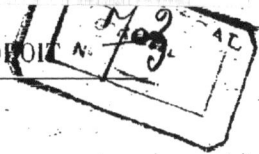

LA
GRÈVE GÉNÉRALE
DE ROBERT OWEN A LA DOCTRINE SYNDICALISTE

> La raison et les arguments ne sauraient lutter contre certains mots et certaines formules..... Ils évoquent dans les âmes des images grandioses et vagues mais le vague même qui les estompe augmente leur mystérieuse puissance.
>
> (G. LE BON, *Psychologie des foules*, p. 85).

THÈSE POUR LE DOCTORAT
(SCIENCES POLITIQUES ET ÉCONOMIQUES)

Présentée et soutenue le jeudi 30 octobre 1913, à 3 heures du soir

PAR

André SAULIÈRE
DIPLÔMÉ DE L'ÉCOLE LIBRE DES SCIENCES POLITIQUES

Président : M. SOUCHON, professeur.
Suffragants { M. FERNAND FAURE, professeur.
{ M. ALLIX, agrégé.

BORDEAUX
IMPRIMERIE DE L'ACADÉMIE ET DES FACULTÉS
17, RUE POQUELIN-MOLIÈRE, 17

1913

LA

GRÈVE GÉNÉRALE

DE ROBERT OWEN A LA DOCTRINE SYNDICALISTE

8F

24241

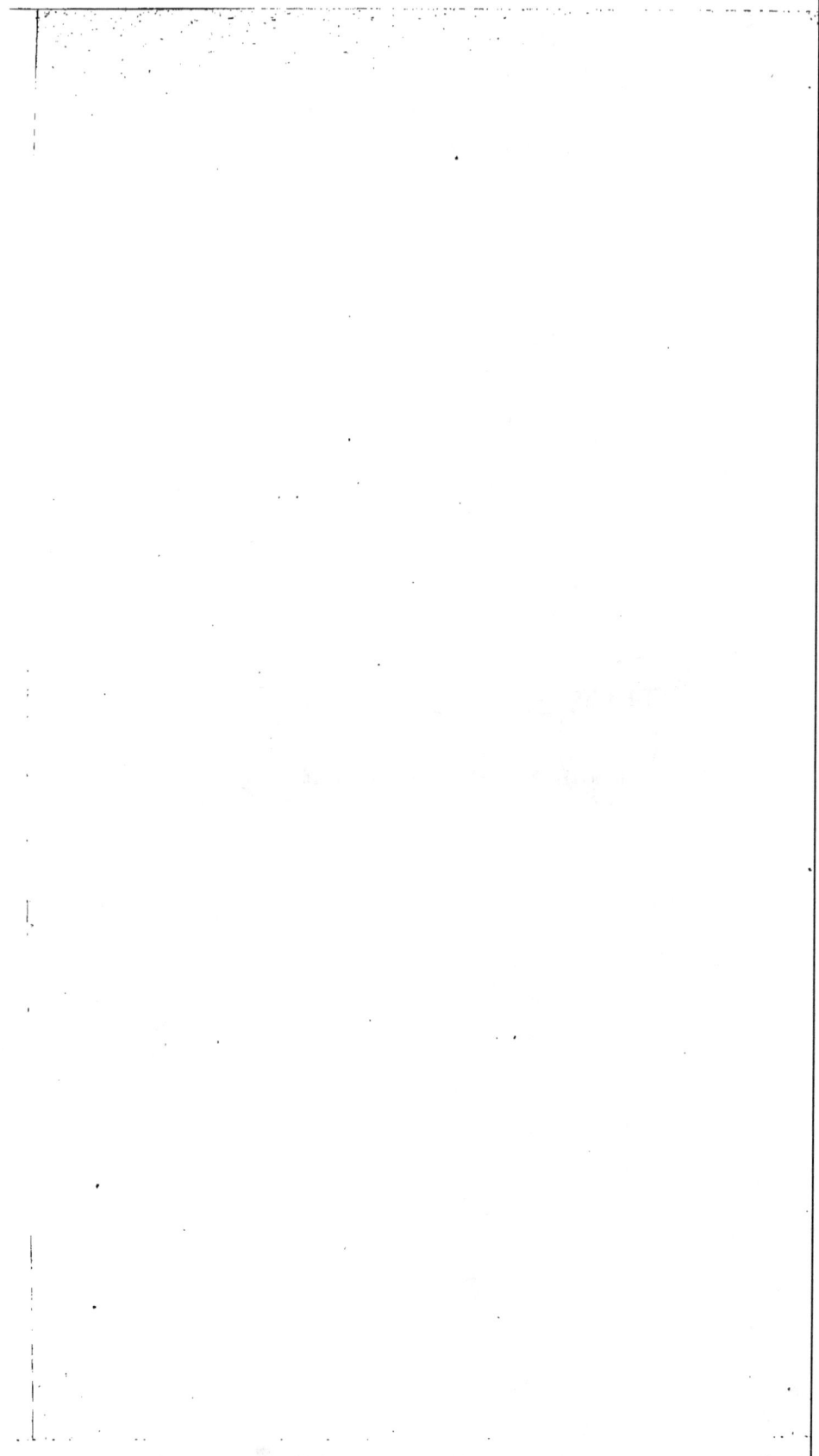

UNIVERSITÉ DE PARIS — FACULTÉ DE DROIT

LA
GRÈVE GÉNÉRALE
DE ROBERT OWEN A LA DOCTRINE SYNDICALISTE

> La raison et les arguments ne sauraient lutter contre certains mots et certaines formules..... Ils évoquent dans les âmes des images grandioses et vagues mais le vague même qui les estompe augmente leur mystérieuse puissance.
>
> (G. Le Bon, *Psychologie des foules*, p. 85).

THÈSE POUR LE DOCTORAT

(SCIENCES POLITIQUES ET ÉCONOMIQUES)

Présentée et soutenue le jeudi 30 octobre 1913, à 3 heures du soir

PAR

André SAULIÈRE

DIPLÔMÉ DE L'ÉCOLE LIBRE DES SCIENCES POLITIQUES

Président : M. SOUCHON, professeur.
Suffragants { M. FERNAND FAURE, professeur.
{ M. ALLIX, agrégé.

BORDEAUX
IMPRIMERIE DE L'ACADÉMIE ET DES FACULTÉS
17, RUE POQUELIN-MOLIÈRE, 17
1913

La Faculté n'entend donner aucune approbation ni improbation aux opinions émises dans les thèses; ces opinions doivent être considérées comme propres à leurs auteurs.

TABLE DES MATIÈRES

LA

GRÈVE GÉNÉRALE

DE ROBERT OWEN A LA DOCTRINE SYNDICALISTE

> La raison et les arguments ne sauraient
> lutter contre certains mots et certaines for-
> mules..... Ils évoquent dans les âmes des
> images grandioses et vagues, mais le vague
> même qui les estompe augmente leur mysté-
> rieuse puissance.
>
> G. Le Bon, *Psychologie des foules*, p. 85.

INTRODUCTION

Le socialisme et ses moyens de destruction.

Il n'est pas d'époque où l'on n'ait souhaité l'atténua-
tion, voire la disparition des inégalités entre les hommes.
Nombreux ont été les esprits généreux qui ont examiné
le problème. Nombreux ont été les remèdes proposés.

Le socialisme est un de ces remèdes, remède énergi-
que puisqu'il a pour but non d'atténuer le mal, mais de
le supprimer et de le faire disparaître. En quoi con-
siste-t-il ? Qu'est-il dans son essence ?

Ce mot a été tellement employé que l'on a peu à peu perdu de vue son sens étymologique. S'en tenant au but visé, on a dit que le socialisme était une doctrine d'égalitarisme. Ceci n'est pas suffisant. La modification dans la répartition des richesses découlera pour ainsi dire naturellement de la transformation des conditions de la production. *Rendre la société propriétaire des instruments de travail :* voilà la panacée.

On peut au contraire concevoir une certaine égalisation des conditions, avec le maintien de la propriété individuelle. N'est-ce pas là le programme de certains partis politiques ? Partis fuyants, insaisissables, qui se perdent en nuances, parce qu'ils n'adoptent pas de principe directeur solide; parce qu'ils veulent être à la fois socialistes et individualistes et que ces deux attitudes sont incompatibles; parce qu'ils veulent égaliser les conditions en se fondant sur une idée de justice tout en maintenant la propriété privée (1). Or il arrive un

---

(1) On peut leur adresser la critique que M. Cauwès adresse au socialisme de la chaire : « Entre le socialisme de la chaire et le socialisme pur, il n'y a pas de limites bien certaines; c'est là un danger. Du moment où l'État intervient pour redresser les injustices sociales, établir un ordre meilleur, où s'arrêter » ?

Pourquoi conserver la propriété individuelle si l'on doit y porter continuellement atteinte ? Autant vouloir que quelqu'un vive et se fortifie tout en lui administrant chaque jour des doses de poison savamment calculées.

Peut-on repousser l'individualisme ou prétendre l'atténuer par des tempéraments qui ruinent en réalité sa base, sans tomber

moment où l'on ne peut guère égaliser au nom de la justice sans supprimer la propriété privée, sans ruiner la liberté économique, et l'on retombe alors dans le socialisme. Il ne peut pas y avoir de place pour un système socialiste hybride et composite, tenant le milieu entre le système de la liberté naturelle fondée sur la propriété privée et celui de l'égalisation des conditions découlant de la socialisation des propriétés individuelles. Que veulent dire tous ces titres de « socialistes chrétiens », « socialistes de la chaire », « radicaux-socialistes », « républicains-socialistes »... ? La plupart de ces épithètes sont un moyen commode de séduire une clientèle électorale. En réalité, si le qualificatif qui les accompagne signifie l'attachement de ceux qui se groupent autour d'elles à la propriété individuelle, il en réduit toute la portée. Certes il y a des étapes dans la voie socialiste. Que sont beaucoup de réformes sociales, sinon, dans leurs résultats, des mesures d'égalisation ? Ainsi, accidentellement, certains esprits pourront se rencontrer avec les socialistes pour soutenir des mesures qui figurent sur leurs programmes. Mais le principe directeur sera différent. Tandis que les uns se fonderont sur l'idée de charité, les autres se fonderont sur l'idée de justice. Tant qu'on n'accepte pas le *terme* même de ces mesures, ce qui est d'ailleurs la condition

---

tôt ou tard dans le socialisme ? Cauwès, *Cours d'économie politique*, t. IV, p. 604.

essentielle de l'égalisation parfaite; tant que l'on rejette la *socialisation des moyen de production,* on n'a nullement le droit de se dire socialiste. Il faut repousser résolument cette formule selon laquelle « tout le monde serait plus ou moins socialiste », pour dire « l'on est ou l'on n'est pas socialiste ».

La socialisation des moyens de production, telle est l'essence du socialisme (1).

Il est clair que cette socialisation pourra être conçue de façons diverses, et l'on pourra distinguer différents systèmes socialistes : le partagisme, l'appropriationisme, le collectivisme, le communisme... Si les socialistes se divisent à propos de la *manière de socialiser* les moyens de production, ils se divisent encore à propos des *moyens à employer pour arriver à la possibilité d'une telle socialisation.* Le problème de la socialisation des moyens de production, en effet, n'est pas de ceux qui peuvent se solutionner immédiatement. Il faut compter avec l'ordre de choses existant, avec un état économique dans lequel la propriété est individuelle. Pour tout socialiste, ce régime devra nécessairement disparaître parce qu'il est contraire au régime à instaurer. Il faut *le détruire.* C'est ce qui a permis à M. Brouilhet de dire que le socialisme était « essentiel-

---

(1) Cf. cette bonne définition de M. Hamon : « Le socialisme est un système social ou un ensemble de systèmes sociaux dans lequel les moyens de production sont socialisés ». A. Hamon, *Le socialisme et le congrès de Londres,* p. 5.

lement révolutionnaire » et « antithétique de l'idée
d'évolution » (1).

La conclusion n'est cependant pas logique. La révolution n'est pas seule à avoir un pouvoir destructeur ;
il peut y avoir des évolutions destructrices. On peut
concevoir un *socialisme réformiste*. On peut imaginer
que notre société actuelle s'achemine vers la socialisation des moyens de production à travers une longue
série de réformes partielles. Cette socialisation serait
alors une révolution pacifique qui ne serait que le
terme d'une évolution. Ce socialisme n'est pas seulement une pure conception théorique, il tient une grande
place dans les faits. M. Millerand est un de ses repré-
sentants les plus notoires (2). Cette attitude conciliatrice est même pour M. Bourguin l'avenir qu'il assigne
au parti socialiste en y voyant le « parti des novateurs
les plus radicaux et les plus audacieux, le représentant
le plus avancé des revendications populaires » (3).

En face de ce socialisme réformiste, détruisant gra-
duellement la société actuelle, on peut placer un *socia-*

(1) Ch. Brouilhet, *Le conflit des doctrines dans l'économie politique contemporaine.*

(2) « N'est pas socialiste, à mon avis, quiconque n'accepte pas
la *substitution* nécessaire *et progressive* de la propriété sociale à
la propriété capitaliste ». Millerand, *Le socialisme réformiste français*, p. 26.

(3) Bourguin, *Les systèmes socialistes et l'évolution économique,*
p. 343.

lisme révolutionnaire. C'est « en une fois » que celui-ci veut détruire la société présente. Parmi les socialistes révolutionnaires, les uns ont fondé leur espoir sur l'action parlementaire qui doit leur permettre de conquérir l'État et de faire une révolution politique. Les autres se fient aux forces ouvrières. Le syndicat est pour eux à la fois agent de lutte, de destruction et de reconstruction sociale. Ils veulent une révolution économique réalisée par un moyen économique : la grève générale. Les premiers s'appuient sur l'État s'implantant dans la société actuelle, tandis que les seconds nient toute possibilité d'établir la société future en se servant des rouages politiques existants.

Tous les socialistes qui se livrent à la conquête légale des pouvoirs publics partent de l'idée de la *puissance numérique* des masses. Les travailleurs sont le nombre. Ils n'ont donc qu'à vouloir pour gouverner au lieu d'être gouvernés. Le socialisme se résout en une opération électorale. « Du moment que, par le simple » usage du bulletin de vote, par l'utilisation du parle- » mentarisme, par la prise de possession du pouvoir » central, la rénovation du monde est assurée, le socia- » lisme ne devient plus qu'une opération électorale » (1). Et cette opération est toute pacifique (2). Elle amènera

(1) *Bibliothèque du mouvement socialiste*. Brochure, V, *passim*.
(2) « ... il n'y a aujourd'hui pour le socialisme qu'une méthode souveraine : conquérir *légalement* la majorité ». Jaurès cité dans Lagardelle : *La grève générale et le socialisme*, p. 113.

une révolution politique faite par la majorité. La majorité une fois au pouvoir, quoi de plus simple que de commander à l'armée qui ne pourra plus barrer la route à la révolution ; quoi de plus simple que de manier l'impôt pour réaliser plus d'égalité dans la répartition des richesses ; quoi de plus simple que de décréter la socialisation des moyens de production ?

D'autres n'ont pas cru qu'une révolution politique était le prélude indispensable d'une révolution économique. Ayant toujours foi en cette révolution fatale annoncée par Karl Marx et qui devait n'être que le terme de l'évolution du monde capitaliste, ils se lassèrent cependant bientôt d'une attente messianique. Voyant leur sort inchangé, s'habituant aux améliorations apportées chaque jour à leur condition et ne les regardant que comme des mesures insuffisantes, ils voulurent sortir définitivement de leur état. A l'idée de la puissance numérique des masses, s'ajouta d'abord à leurs yeux l'idée de leur puissance économique ; les travailleurs *seuls* créaient toute la richesse. On avait proclamé que le capitalisme ne vivait que d'une exploitation injuste. Il fallait la rendre impossible et l'idée de grève générale se fit jour. Une interruption universelle du travail devait réduire la classe capitaliste à une capitulation honteuse. Cela sembla même insuffisant. On reconnut que l'on ne pouvait pas tout attendre de l'énergie d'une majorité. Une révolution purement politique était quelque peu utopique. Bien chimérique aussi l'espérance de voir tous les travailleurs unis dans un arrêt brusque du travail. Une révolution ne pouvait être l'œuvre *que d'une minorité* et il en était de même de la grève générale expropriatrice. M. J. Guesde avait lui-même dit n'avoir jamais « laissé croire une seule minute » aux travailleurs . que le bulletin de vote pouvait suf-» fire à les affranchir ». La lutte politique n'était qu'une pure manœuvre « une préparation, un entraînement à » la lutte à coups de fusil ». Le prolétariat y prenait « conscience et mesure de sa force, en même temps » qu'il se (rapprochait) de la position à emporter, jus-» qu'à ce que, sous une poussée de deux, de trois, de » quatre millions de voix, plein de confiance en lui-» même, il (donnât) le coup d'épaule final, faisant jouer » son droit à l'insurrection, accomplissant sa révolution » inéluctable » (1).

Mais le prolétariat pouvait-il véritablement prendre conscience de sa force dans la lutte politique? Non. Des alliances avec les partis bourgeois l'amenaient à des concessions et lui faisaient perdre de vue le fossé qui le séparait de l'autre classe. A quoi bon la révolution politique, puisqu'elle ne pouvait avoir lieu que *grâce à l'insurrection?* L'insurrection seule devait suffire. Ce n'était pas d'ailleurs la lutte à coup de bulletins de vote qui pouvait préparer les travailleurs à la lutte finale. Comment concevoir que des luttes

---

(1) *Bibliothèque du mouvement socialiste.* Brochure, V, *passim.*

pacifiques développeraient l'esprit révolutionnaire ?
Non. C'est sur le terrain économique que le prolétariat
pouvait prendre conscience de sa force. C'est par
la grève qu'il s'entraînerait à la révolution inéluctable. La grève, en effet, est une image réduite de la
révolution. C'est un acte spontané, naturel, c'est la
révolte d'une minorité. La minorité agit, la masse
suit. Quel reproche lui faisaient les politiciens ? C'est
qu'elle atteignait bien le patron, mais non l'État. Mais
cela n'était vrai que de la grève partielle. La révolution
pouvait être l'œuvre d'une grève universelle qui attein-
drait non seulement l'État, mais la société tout entière.
Le mouvement partirait d'une *minorité* consciente de
travailleurs, puis il s'étendrait. La grève gagnerait de
proche en proche, la grève deviendrait générale. C'est
par la grève générale que l'on pourrait réaliser la
révolution sociale, car cette grève se doublerait immédiatement de la prise des instruments de production.
On n'irait plus à la conquête du gouvernement. L'effort
de conquête devait porter directement sur les usines et
les ateliers. Et quoi de plus simple que de concevoir ce
fait journalier et si fréquent qu'est la grève, s'éten-
dant peu à peu à toutes les industries d'une ville, d'un
pays ?

Au point de vue des moyens d'action du socialisme
révolutionnaire, on peut donc distinguer deux socia-
lismes :

Le socialisme parlementaire dont les formes ne sont

pas révolutionnaires, qui, sans accepter l'ordre de choses existant, s'en sert pour parvenir à ses fins.

Le socialisme ouvrier anti-parlementaire (aujourd'hui le syndicalisme) qui n'accepte pas l'ordre des choses existant et ne s'appuie pas sur lui pour atteindre son but. Englobant dans le même terme méprisant de « politiciens » et les socialistes réformistes, et les socialistes révolutionnaires-parlementaires, il proclame bien haut qu'il ne groupe que des salariés et qu'il possède seul l'outil de leur affranchissement.

La querelle autour des moyens d'action est ancienne et n'est pas définitivement vidée. Il y a une corrélation étroite entre les progrès du socialisme ouvrier et ceux de la grève générale; corrélation étroite également entre les succès de la grève générale et le déclin de l'action politique ou inversement. Par une sorte de mouvement de flux et de reflux les masses ont été entraînées tantôt dans l'une tantôt dans l'autre voie, et ainsi, la grève générale expropriatrice est apparue à toutes les époques en opposition avec l'action politique.

Le conflit entre partisans et adversaires de l'action politique est né dès le début de l'Internationale et se poursuit à travers les années suivantes. Après le congrès d'Amiens (1906), la grève générale est définitivement incorporée dans la doctrine syndicaliste. Elle change alors de caractère. Elle n'est plus exclusive de tout autre mode d'action. Toute une tactique économique s'échafaude autour d'elle. Le socialisme ouvrier a à sa disposition de nombreux moyens de lutte enfermés dans l'appellation globale d' « action directe ».

Préciser ces quelques vues générales, replacer la grève générale dans son milieu et son cadre naturels : les discussions ouvrières; suivre attentivement son développement depuis l'Internationale; montrer quelles ont été ses vicissitudes ; montrer comment l'idée en est redevenue vivante en France vers 1886 et a grandi en même temps que le développement d'un mouvement ouvrier; éclairer par l'histoire les transformations et les déformations qu'elle a subies; voir ce qu'elle est devenue au milieu du syndicalisme révolutionnaire et pourquoi elle échappe finalement à toute discussion, tel est le but de cette étude.

Si je n'ai pas hésité à faire connaître incidemment mes opinions personnelles, c'est parce que j'ai estimé qu'il y avait là une question de loyauté et qu'aucun doute ne devait planer dans l'esprit du lecteur. J'ai eu d'ailleurs le souci de conserver aux exposés historiques leur caractère strictement objectif.

On verra que le socialisme autoritaire et politique de Karl Marx suscite un socialisme fédéraliste et anti-parlementaire. Ce socialisme accueille l'idée de grève générale en même temps que se développe l'esprit révolutionnaire.

Puis les divers mouvements insurrectionnels échouent. Le peuple fatigué des révolutions durement réprimées a soif d'avantages immédiats. Il se tourne vers l'action politique.

Les succès ne viennent pas immédiatement. Avec la réapparition de la liberté syndicale réapparaissent les manifestations de l'esprit révolutionnaire. C'est en 1888, en France, au congrès du Bouscat, que brusquement la grève générale est préconisée pour réaliser la révolution sociale. L'idée fait du chemin et s'incorpore insensiblement dans une véritable doctrine, la doctrine syndicaliste.

Les excès des révolutionnaires donnent naissance à un mouvement réformiste au sein du syndicalisme. Enfin les plus violents eux-mêmes reculent l'échéance fatale de la révolution, se préoccupent davantage des réformes quotidiennes, et la grève générale semble somnoler doucement dans l'arsenal révolutionnaire.

CHAPITRE PREMIER

La grève générale dans l'Internationale.

———

•

§ I. *L'apparition de la grève générale.*

Le congrès de Genève : l'Owenisme. Le congrès de Bruxelles.

En 1864 s'était fondée l'Association internationale des travailleurs, et, dès le début de son existence, elle eut à se demander ce qu'il fallait entendre par « travailleurs ». Allait-elle être un parti socialiste international ou une pure association ouvrière ? Les syndicalistes de notre époque ont une horreur avouée du parti socialiste qui aboutit quelquefois à mêler entre elles les classes ennemies. L'Internationale, dont ils se considèrent à plus d'un titre comme les successeurs, n'aurait pas répondu à toutes leurs ambitions. Elle n'allait pas se recruter uniquement parmi les travailleurs manuels, mais du moins ce n'allait pas être sans luttes. La discussion commença dès la conférence de Londres de 1865. Elle se continua au congrès de Genève de 1866. Étant données ses origines, Karl Marx devait forcément admettre que les « travailleurs de la pensée », les intellectuels, pouvaient apporter un utile concours au socialisme international. Il était appuyé par les ouvriers anglais. Les Français, disciples de Proudhon, soutinrent avec ardeur la thèse contraire. « Ils firent voir que les conditions des deux ordres de travail, travail intellectuel, travail manuel, étaient essentiellement différentes. Ils dirent qu'ouvrir l'Internationale aux intellectuels, c'était l'ouvrir aux hommes de parti qui ne manqueraient pas d'en faire un instrument propre à servir leurs desseins ». Mais Allemands et Anglais étaient contre eux. Leur opposition tomba. Ils défendirent leur opinion sans plus de succès, au sujet de la délégation. Elle devait être au moins réservée aux seuls ouvriers ; sinon, disait Fribourg, « il pourrait arriver un » beau jour que le congrès ouvrier fût composé en » majeure partie d'économistes, de journalistes, d'avo- » cats, de patrons, etc., chose ridicule et qui anéanti- » rait l'association ». Quelle pouvait être l'utilité du concours des intellectuels ? Nulle, disaient les ouvriers français. « La classe ouvrière veut *se sauver elle-même,* » sans la protection de personne. Il faut donc que ses » délégués n'appartiennent ni aux professions libérales, » ni à la caste des capitalistes » (1). Marx avait donc eu gain de cause et les Français avaient craint à bon droit de voir l'Internationale devenir la chose d'un parti. Marx allait l'orienter dans la voie politique.

Le congrès de Genève avait affirmé la fin révolution-

---

(1) Tolain.

naire de l'Internationale. Les travailleurs devaient se prêter une aide mutuelle pour la défense des salaires, mais il y avait un but plus élevé à atteindre : la suppression du salariat. Le but était nettement défini. Quels allaient être les moyens d'action ?

L'influence de Marx allait grandissant dans l'Internationale et le congrès de Lausanne (1867) déclara que l'émancipation sociale des travailleurs était *inséparable* de leur émancipation politique. Le moyen d'action, c'était désormais l'action politique. Il fallait conquérir l'État pour supprimer le salariat et affranchir les masses ouvrières. C'était par l'État qu'on réaliserait la révolution. Aussi, sous l'influence de de Paepe, les congrès de Lausanne (1867) et de Bruxelles (1868) se prononcèrent-ils en faveur d'une extension progressive des services publics.

Quant à la grève, le congrès de Bruxelles ne l'examina d'abord que comme grève partielle. En l'envisageant sous ce jour, il pouvait à juste titre déclarer qu'elle n'était pas « un moyen d'affranchir complètement le travailleur », mais une simple nécessité dans la situation actuelle entre le travail et le capital. Cette impuissance de la grève comme moyen d'action était-elle sans remède? Ce que ne pouvait pas une grève partielle, ce que ne pouvaient pas des grèves isolées et désordonnées, pourquoi ne serait-ce pas l'œuvre d'une grève universelle, d'une grève générale?

La question d'une grève universelle avait été envisa-

gée dès le congrès de *Genève* (1866). Mais l'on n'y avait
parlé que d'une grève de solidarité, d'une grève pacifique. C'était un simple perfectionnement apporté à la
grève partielle pour lui donner plus de poids. Elle avait
un but *réformiste :* la hausse des salaires. L'idée était
venue des Anglais et leur proposition était tout inté-
ressée. A cette époque, les grèves des Trade Unions
étaient souvent dénuées d'effets et n'aboutissaient à
aucun résultat, parce que les patrons anglais venaient
chercher de la main-d'œuvre sur le continent. Ils
embauchaient des ouvriers, de préférence là où la
main d'œuvre était mal payée, et ceux-ci, indemnisés
de leur voyage, séduits par la vision d'un gain plus
fort, consentaient facilement à s'expatrier. La « grève
européenne » était le seul remède aux échecs découra-
geants des grèves anglaises. Les Anglais ne cachaient
d'ailleurs pas leur but, au fond bien égoïste. « Les
» ouvriers anglais, qui connaissaient le prix du temps,
» n'étaient pas venus en Suisse seulement pour discou-
» rir ou entendre discourir à perte de vue sur des ques-
» tions qui ne pouvaient pas aboutir à des actes ; ils
» avaient un projet susceptible à leurs yeux de réalisa-
» tion, et ce n'était rien moins que l'organisation d'une
» grève universelle... On embauche çà et là sur le con-
» tinent, disaient-ils, des ouvriers qui viennent *troubler*
» *nos arrangements domestiques* et peser sur notre
» main-d'œuvre. C'est à quoi il est urgent d'aviser et,
» tout réfléchi, il n'y a qu'un moyen efficace, c'est que

» toute grève devienne européenne... *Au premier signal*,
» toute branche d'industrie pourrait, sur les îles anglai-
» ses et en terre ferme, être simultanément frappée de
» torpeur ou rendue à l'activité » (1). Ainsi, les Anglais
proposaient une généralisation de la grève bien plus
qu'une grève générale. L'idée ne se liait en rien à leurs
yeux à une mainmise sur les instruments de production.
Le caractère essentiel de leur plan « réfléchi » était
bien moins le caractère général de la grève que son
caractère international. Chaque fois qu'une branche
d'industrie s'arrêterait en territoire britannique, la
même branche devait être également frappée de para-
lysie sur le continent. Les ouvriers européens devaient
venir au secours de leurs camarades et les soutenir
dans la lutte. Mais comment penser qu'un pareil programme pût les séduire ? C'était vraiment trop compter
sur leur dévouement. Aussi les Anglais aimaient à
répéter qu'ils ne seraient pas les seuls à bénéficier d'un
tel mouvement le jour où il se produirait. Les bienfaits
d'une telle grève atteindraient le prolétariat tout entier
en augmentant son bien-être. « Les ouvriers anglais y
» gagneraient d'être délivrés de leur dernier souci,
» ceux du continent de voir leurs salaires se mettre
» forcément de niveau avec les salaires anglais (à cette

---

(1) L. Reybaud, *L'économie politique des ouvriers*, *Revue des Deux-Mondes*, 1er novembre 1866.

» époque) très supérieurs » (1). Ce plan se heurta à la résistance des ouvriers français qui avaient dans la coopération une foi absolue. La coopération fut opposée à la grève universelle et, finalement, le congrès adopta une résolution... qui ne résolvait rien. Le congrès déclare que « l'état actuel de l'industrie, qui est la » guerre, emporte l'obligation d'une aide mutuelle pour ‹ la défense des salaires, mais qu'il y a pourtant un but » plus élevé à atteindre, qui est la suppression de » ceux-ci ». On peut voir là une formule conciliatrice : le premier membre de phrase visant la grève universelle et décrétant l'obligation pour les ouvriers du continent de se solidariser avec leurs camarades anglais; la seconde partie de la résolution s'appliquant à la coopération qui, elle, pouvait amener la suppression du salariat. C'était, en somme, une victoire des proudhoniens dont la puissance était encore assez grande, à cette époque, au sein de l'Internationale.

La grève universelle que les Anglais proposaient à Genève était une renaissance de l'*Owenisme*. L'idée de grève générale remonte en effet à Robert Owen. Dès 1825, naît en Angleterre un mouvement ouvrier révolutionnaire qui fut puissant, mais éphémère. Jusqu'en 1831, les masses s'organisent en associations et ont une tendance très marquée à agir en dehors du gou-

---

(1) *Revue des Deux-Mondes,* 1er novembre 1866, L. Reybaud, article cité.

vernement. Après la création d'une Union nationale
des fileurs de coton, se fonde, en 1830, l'Association
nationale pour la protection du travail. La vie de ces
unions fut de courte durée (1). A ce moment, d'ailleurs,
R. Owen était absent d'Angleterre et établissait en
Amérique sa fameuse colonie de « Nouvelle Har-
monie ».

Bientôt après 1830. abandonnant la violence, les
ouvriers songent à conquérir le suffrage universel. Ils
se tournent alors vers le gouvernement. Avec William
Lowet s'organise une « Union nationale des classes
laborieuses » pour obtenir le droit de suffrage. Une
réforme fut faite en 1832. Mais elle n'accordait le droit
de suffrage qu'à l'ensemble des classes moyennes.

La déception causée parmi les ouvriers fut immense (2)
et il y eut alors un mouvement de réaction contre l'action législative. Il fut dirigé par R. Owen. En 1832, se
fonde une « Union du Bâtiment » divisée en loges et
dirigée par un comité général. L'admission des membres donnait lieu à des cérémonies mystérieuses, et
notamment au fameux serment de fidélité et de secret(3).
Au mois de décembre de l'année suivante, R. Owen
forme la « Société pour la régénération nationale »,
afin de poursuivre la réduction des heures de travail.

---

(1) Sydney et Béatrice Webb, *Histoire du Trade Unionism*,
p. 121 et suiv.
(2) Sydney et Béatrice Webb, *op. cit.*, p. 160.
(3) Sydney et Béatrice Webb, *op. cit.*, p. 125 et suiv.

En 1834, cette association change de nom et l'on note l'existence d'une « Grande Union nationale consolidée des métiers » (Grand National Consolidated *Trades Union*). C'était là la réalisation de l'idéal des révolutionnaires de l'époque. Ils voulaient fondre les Unions en un corps unique. Ils désiraient une *Trades Union* et non pas seulement des *Trade Unions*. Bref, ils voulaient parvenir, en somme, à la création d'une Confédération générale du Travail qui, dans leur conception, devait unir les travailleurs, non seulement dans un fédéralisme plus ou moins étroit, mais bien dans une seule organisation universelle » (1). C'est cette Union empreinte, comme toutes celles de l'époque, d'un caractère mystique, déléguant dans les districts des apôtres zélés, munis d'une Bible et d'un Nouveau Testament, porteurs de « figures de la Mort avec sa faux et son sablier », c'est cette Union qui allait prêcher aux ouvriers désillusionnés l'abandon de la politique. Le comité exécutif qui la dirigeait s'était donné pour programme de provoquer une grève générale de tous les travailleurs. Robert Owen avait déjà exposé au congrès de l'Union du Bâtiment de septembre 1833 que le « travail est la source de toute richesse ». Cette source, il appartenait aux ouvriers de la tarir. La grève générale était donc capable d'opérer l'expropriation des capitalistes, expropriation *toute pacifique* d'après l'organe

---

(1) Sydney et Béatrice Webb, *op. cit.*, p. 116.

hebdomadaire de l'Union du Bâtiment. « Le pouvoir
» vanté du capital, disait-il, va maintenant être mis à
» l'épreuve ; nous établirons bientôt *son absence de*
» *valeur quand il est privé de notre travail*... nous ver-
» rons le propriétaire paresseux forcé de nous deman-
» der de le délivrer de son bien sans valeur » (1). Cette
grève des bras croisés suffirait-elle à réaliser l'idéal
socialiste, suffirait-elle dans le cas d'une résistance du
gouvernement à opérer la transmission des usines aux
Unions ouvrières fondées pour les diriger ?

En réalité, cette question capitale ne fut jamais
sérieusement discutée. Robert Owen avait d'abord pra-
tiqué l'action parlementaire. Il eut même l'idée de la
législation internationale du travail et c'est ainsi qu'en
1818 il adressait sans succès un mémoire au congrès
de la Sainte-Alliance d'Aix-la-Chapelle. Découragé,
désabusé, il accepta alors l'idée de la Grève générale.
Il est certain qu'il croyait pouvoir obtenir par ce moyen
la journée de huit heures. Mais espérait-il la disparition certaine du salariat après un formidable arrêt du
travail? La question est plus douteuse. La conception
de la grève *générale réformiste* était celle que l'on a vue
reparaître au congrès de Genève de 1866. Quant à l'idée
de *grève générale expropriatrice,* quoique certainement
vivante à cette époque, elle ne paraît pas être la seule
qu'Owen eût eu en vue. Idéaliste et moraliste, il « rêvait

(1) Sydney et Béatrice Webb, *op. cit.*, p. 132.

d'un nouveau ciel et d'une nouvelle terre ». Il concevait
la chute du capitalisme, bien moins à la suite d'une
grève générale pacifique privant les capitalistes de
toutes ressources, qu'à la suite de changements brus-
ques et vagues, d'un cataclysme prochain et mystérieux. Ces grands changements devaient, selon lui,
« tomber tout d'un coup sur la société comme un voleur
dans la nuit » (1). Et l'un de ses disciples expliquait
« qu'une seule année pouvait désorganiser tout l'édifice
du vieux monde et transférer par *un bond soudain* tout
le gouvernement politique du pays du maître au servi-
teur » (2). La révolution si attendue ne vint pas et les
ambitieux projets de la Trades Union échouèrent. Impuissante à provoquer une grève générale, elle fut
engagée malgré elle dans des disputes sectionnelles
qui l'épuisèrent. Des grèves nombreuses éclatèrent dans
toute l'Angleterre malgré tous les efforts du Conseil
exécutif pour enrayer ces conflits partiels. Londres,
Westminster, furent partiellement plongées dans l'obscurité pendant quelques jours. Le gouvernement intervint et poursuivit les unions, se prévalant d'un vieil Act
de Georges III (1797) frappant de peines sévères ceux
qui faisaient prêter serment pour une société illé-
gale (3).

_____

(1) Sydney et Béatrice Webb, *op. cit.,* p. 135.
(2) Sydney et Béatrice Webb, *op. cit.,* p. 168.
(3) Sydney et Béatrice Webb, *op. cit.,* p. 146.

A ce mouvement qui avait fait naître tant d'espoirs, succéda un mouvement démocratique pour l'obtention du suffrage universel. Les masses désappointées revenaient encore une fois à l'action politique. Ce fut la période de l'agitation chartiste. Selon les Webb, les Trade Unions n'y prirent aucune part bien que les chartistes eussent cherché à capter à leur profit leur énergie révolutionnaire. Ils recommandaient à tous les salariés d'user de la grève générale dans un but réformiste « de *cesser le travail* jusqu'à ce que la charte devînt la loi du pays ». Mais l'absurdité manifeste qu'il y a « à conseiller à des *hommes affamés de rester en grève* jusqu'à ce que tout l'ensemble de la machine politique du pays ait été changé (dût) de bonne heure être devenue évidente pour les plus avisés des Trade Unionistes » (1). C'était donc encore la conception de grève générale pacifique qui dominait.

Ce fut elle qui reparut à Genève, apportée, on l'a vu, par les Anglais. Cette renaissance de l'Owenisme dans l'Internationale ne devait pas être de longue durée et ne devait pas se continuer à travers les congrès suivants.

Au congrès de *Bruxelles*, on examina pourtant la question de la grève générale. Elle avait toujours le caractère d'une *suspension de travail*. On admit que « le » corps social ne saurait vivre, si la production (était)

---

(1) Sydney et Béatrice Webb, *op. cit.*. p. 180.

» arrêtée pendant un certain temps ; qu'il suffirait donc
» aux producteurs de cesser de produire pour rendre
» impossibles les entreprises des gouvernements person-
» nels et despotiques » (1). La grève universelle était
donc une révolte pacifique. Ce fut aussi comme arme
pacifique, doublement pacifique dans sa manière d'être
et dans son but, que la grève générale fut recommandée
aux travailleurs afin d'empêcher les guerres. « Le con-
» grès recommande surtout aux travailleurs de cesser
». tout travail dans le cas où une guerre viendrait à
» éclater dans leurs pays respectifs ». Le but de cette
grève était ici purement *politique*, sans aucune idée
d'expropriation économique.

§ II. *La grève générale et les idées bakouinistes.*

Les progrès des idées d'abstention politique *et de grève générale violente*
en Belgique et dans le Jura.

Cette idée de grève universelle ne pouvait pas plaire
à Karl Marx. Il parvint à dominer les ouvriers anglais.
Quant à l'influence des Proudhoniens, elle allait en
décroissant depuis le congrès de Genève. Marx était le
véritable chef de l'Internationale qu'il orientait dans la
voie du socialisme politique. Aussi ne retrouve-t-on
pas de traces de l'idée de grève générale dans les con-

(1) Cité par Pouget dans la *Grève générale et le socialisme,* par
M. Lagardelle, p. 38.

grès généraux de l'Internationale jusqu'en 1873. Mais l'idée fit du chemin parmi les travailleurs. A mesure qu'elle pénétrait sur le continent et qu'elle séduisait des ouvriers moins pondérés et moins calmes que les ouvriers anglais, elle allait changer de caractère. Elle allait peu à peu se transformer au contact de l'esprit révolutionnaire. On ne devait bientôt plus la considérer comme une grève pacifique et réformiste visant un but mesquin : la hausse des salaires. L'idée owenite d'*expropriation* allait reparaitre, et de plus, la grève générale qui devait conduire les travailleurs jusqu'à leur complet affranchissement, allait être regardée comme une grève *violente*.

En Belgique et en France, on était pénétré de la gravité de la question et l'on avait confiance dans ce réveil de la classe ouvrière.

« Lorsque les grèves s'étendent, se communiquent » de proche en proche, disait « l'Internationale », c'est » qu'elles sont bien près de devenir une grève géné- » rale ; et une grève générale avec les idées d'affranchis- » sement qui règnent aujourd'hui, ne peut qu'aboutir à » un grand cataclysme qui ferait faire peau neuve à la » société » (1).

Varlin, dans *Le Travail* (2), écrivait que la grève par-

_____

(1) L'*Internationale*, de Bruxelles, mars 1869.

(2) Le « Travail » parut à Paris pendant quelques mois seulement. James Guillaume, l'*Internationale*, t. I, p. 241.

tielle était un « cercle vicieux dans lequel les efforts des
» ouvriers semblaient tourner indéfiniment ». Mais
« bientôt quand nous *serons* tous unis, comme nous
» sommes les plus nombreux *et comme la production
» tout entière est le résultat de notre labeur,* nous pour-
» rons exiger la jouissance de la totalité du produit de
» notre travail ». Dans ce passage, on peut voir un
reste de l'idée de grève générale pacifique. La puissance économique des travailleurs leur permettrait
d'exiger des patrons leur consentement à la révolution
sociale.

C'est d'ailleurs cette conception bien utopique que
l'Internationale semble avoir cherché à répandre au
début de son existence. Une telle grève lui paraissait possible grâce à la solidarité et à l'argent. Aussi voulait-elle
développer l'union entre les travailleurs et amasser un
fonds de réserve. L'essentiel était avant tout de créer
une véritable ligue universelle du travail. « Le premier
» effet de cette ligue serait.... de rendre les hommes
» qui vivent du louage de leurs bras maîtres absolus de
» la rétribution de leurs services. Quelle force compa-
» rable *à la force d'inertie* d'une grève faisant instanta-
» nément le vide sur un produit de première nécessité,
» et avec quelque entente, un peu de discipline, les
» ouvriers disposaient de cette force-là ! Le beau spec-
» tacle qu'offriraient alors, au milieu des conflits d'am-
» bition et des disputes de territoire, ces légions
» d'ouvriers se donnant la main à travers les frontières,

» d'autant plus unis qu'ailleurs on serait plus divisés,
» *devenant les arbitres des événements et signifiant* à
» l'esprit de conquête un congé définitif! Voilà les
» thèmes favoris des agents de l'Association internatio-
» nale, et le comité de Londres les développait dans ses
» correspondances ou les fortifiait par des congrès
» tumultueux » (1).

Mais l'idée de grève générale *violente* allait faire un
chemin rapide. Ce qui pouvait contribuer à son succès,
c'est que se développait partout l'anarchisme, c'est que,
sous l'influence de Michel Bakounine, naissait, au sein
de l'Internationale, un socialisme fédéraliste et anti-
parlementaire. Bakounine était venu dans le Jura prêcher la révolution sociale qui, « seule, pouvait créer
l'égalité réelle ». Il combattait le principe de l'État. Il
en voulait l'*abolition*, « l'extirpation radicale de ce
principe de l'autorité et de la tutelle de l'État, qui, sous
le prétexte de moraliser et de civiliser les hommes, les
a jusqu'à ce jour asservis, opprimés, exploités et dépra-
vés » (2). Il rencontrait dans le Jura une population à
tempérament révolutionnaire : des monteurs, des gra-
veurs, des guillocheurs, toute la population de l'industrie horlogère, prompte à se mettre en grève et tenace
dans la lutte. Il remit en honneur au milieu d'elle la

(1) L. Reybaud, *Les agitations ouvrières, Revue des Deux-Mondes,*
juin 1869.

(2) Lettre à Gustave Vogt, citée par Guillaume, *op. cit.*, t. I,
p. 74.

devise de l'Internationale que Marx oubliait quelque
peu : « L'émancipation des travailleurs ne peut être
l'œuvre que des travailleurs eux-mêmes ». Il chercha
à la détourner de l'action politique qui exigeait souvent
des alliances avec les partis bourgeois.

« Travailleurs, disait-il, *ne comptez plus que sur*
» *vous-mêmes..... La bourgeoisie n'a plus rien à vous*
» *donner*. Politiquement et moralement, elle est morte,
» et elle n'a conservé de toutes ses magnificences histo-
» riques qu'une seule puissance, celle d'une richesse
» fondée sur l'exploitation de votre travail..... » (1).
Pactiser avec le radicalisme bourgeois était aux yeux
de Bakounine non seulement inutile, mais même dangereux. « L'expérience historique nous démontre que,
» dans toutes les luttes politiques et sociales, les (tran-
» sactions) n'ont jamais servi que les classes possédantes
» et puissantes au détriment des travailleurs » (2). Il
proposait la création de caisses de résistance et la fédération de tous les métiers, prélude de la grève générale.

Ce programme ne pouvait séduire Karl Marx, et il
serait hors de propos d'entrer dans les détails de la
lutte, la plupart du temps sournoise, qui s'engagea
entre les deux hommes. Toutes les manœuvres de Marx
n'empêchèrent pas le développement des idées de

---

(1) Lettre à Albert Richard, citée par Guillaume, *op. cit.*, t. I,
p. 284.

(2) *Égalité*, n° 10, cité dans Guillaume, *op. cit.*, t. I, p. 150.

Bakounine. On retrouve leur influence dans le congrès jurassien de la Chaux-de-Fonds de 1870 et dans la plupart de ses considérants.

« Considérant que... toute participation de la classe » ouvrière à la politique bourgeoise gouvernementale » ne peut avoir d'autres résultats que la consolidation » de l'ordre de choses existant, ce qui paralyserait l'ac- » tion révolutionnaire socialiste du prolétariat; le con- » grès romand recommande à toutes les sections de » l'Association internationale des Travailleurs de renon- » cer à toute action ayant pour but d'opérer la trans- » formation sociale au moyen de réformes politiques » nationales, et de porter toute leur activité sur la cons- » titution fédérative des corps de métier, *seul moyen* » d'assurer la révolution sociale..... » (1).

Il ne faudrait pas conclure de cette résolution que le socialisme ouvrier renonçait à l'action révolutionnaire pour s'occuper uniquement de la création des fédérations de métier. La résolution dit bien que c'est là le seul moyen d'assurer la révolution sociale. Mais elle veut dire que, pour réaliser la révolution sociale, il faut être avant tout groupés et unis. La constitution de groupes ouvriers puissants est la préface nécessaire de la grève générale.

Ces idées *d'abstention politique* étaient bien accueillies dans les milieux ouvriers. La Belgique et l'Espagne

---

(1) J. Guillaume, *op. cit.*, t. II, p. 15.

adhéraient à ce programme; ce n'est que dans le monde latin que l'on peut chercher le développement de la grève générale à cette époque et le développement de l'esprit révolutionnaire. Pour les révolutionnaires, « abstention » ne signifiait pas résignation, mais révolution. Voici ce que disait à ce sujet l'Internationale de Bruxelles : « ... Pour les travailleurs, chercher à entrer » dans les Chambres, c'est abandonner, qu'ils le veuillent » ou non, tout idéal d'émancipation véritable..... De » même que la philosophie et la science pour ruiner » l'idée religieuse ne sont pas entrées dans l'Église, de » même le socialisme pour *abattre notre édifice politique* » *et économique doit lui porter ses coups du dehors sans* » *s'y installer* » (1).

Telle était la marche du socialisme révolutionnaire et anti-parlementaire, lorsque la guerre franco-allemande, en mettant aux prises deux grandes puissances, vint porter une grave atteinte à la vitalité de l'Internationale et au principe de la solidarité ouvrière. Déjà, en août 1867, la question du Luxembourg avait été bien près de mettre le feu aux poudres. Quelques sections de l'Internationale avaient à ce moment protesté contre la guerre. Un mouvement pacifiste s'était d'ailleurs produit après Sadowa. De mai à juillet 1866 le *Courrier français* et la *Rive gauche* avaient publié une série d'articles contre la guerre, les armées permanentes et l'idée

(1) J. Guillaume, *op. cit.*, t. II, p. 28.

de patrie (1). Pendant l'année 1867, le mouvement prit plus d'extension encore, et les ouvriers de France et d'Allemagne s'envoyèrent des adresses de sympathie. En 1868, le congrès de Bruxelles voyait dans la grève générale le vrai moyen d'empêcher la lutte sanglante des travailleurs « au seul profit des capitalistes ».

Le moment était venu de mettre la théorie en pratique. Bien que son autorité commençât à décroître, Marx était encore puissant dans l'Internationale, et de son initiative aurait sans doute pu naître la mise en application de la décision du congrès de Bruxelles. Si la grève générale était détournée de son véritable but révolutionnaire, du moins l'abstention des ouvriers prouverait-elle la force du prolétariat et la considérable puissance que l'union pouvait lui faire acquérir. Mais le patriotisme de Marx devait l'emporter sur des considérations humanitaires. Marx pouvait-il même songer à empêcher une guerre dont il disait plus tard : « qu'elle » avait atteint un but sérieux, qu'elle avait transféré le » centre du mouvement ouvrier de France en Allema- » gne » (2). La question de la grève générale fut pourtant agitée. Dans le *Volksstaat* un socialiste posa la question suivante : « Qu'arriverait il si tous les ouvriers » de France et d'Allemagne *cessaient le travail d'un* » *commun accord à un jour donné* et, opposaient à la

---

(1) De Préaudeau, *Michel Bakounine,* thèse Paris, 1911, p. 91.

(2) J. Guillaume, *op. cit.,* t. II, p. 89.

» guerre une grève internationale? Je suis persuadé
» que dans ce cas la guerre serait terminée en quel-
» ques jours, sans même que le sang ait coulé. Car de
» même que la guerre rend impossible le travail rému-
» nérateur, de même la cessation du travail rendrait la
» guerre impossible » (1).

Beaucoup d'ouvriers étaient peut-être de l'avis de ce
socialiste, et louaient sa logique; mais la question
demeura sans réponse et nulle grève générale ne vint
empêcher la guerre franco-allemande. Bakounine vint
en France et prêcha contre les Prussiens un soulèvement populaire et la guerre au couteau. Il organisa
l'insurrection de Lyon et proclama l'État aboli. Mais son
activité révolutionnaire n'eut de bons résultats ni pour
les ouvriers, ni pour la France.

Après cette dure épreuve, le socialisme allait perdre
pour longtemps de son ancienne vigueur. Les proscrip-
tions qui suivirent la Commune allaient lui enlever ses
chefs. Les horreurs et les excès de la Révolution célé-
brés par les autres sections de l'Internationale allaient
lui enlever des adeptes, et le passage des soldats prussiens allait réveiller dans le cœur de tout homme le
sentiment patriotique.

Mais que devinrent le socialisme révolutionnaire et
la grève générale en Belgique et dans le Jura? Quelle
était l'attitude de l'Espagne et de l'Italie?

---

(1) J. Guillaume, *op. cit.*, t. II, p. 70.

Les opinions de Bakounine étaient peu à peu favora-
blement accueillies dans le monde latin. Une conférence
secrète espagnole qui se tint à Valencia en septembre
1871 déclara que « la véritable République démocra-
» tique fédérale était la propriété collective, l'anarchie
» et la fédération économique, c'est-à-dire la libre fédé-
» ration universelle des libres associations ouvrières
» agricoles et industrielles ». Cafiero, le grand agitateur
italien, était devenu l'ami de Bakounine. Bientôt, s'était
constituée une fédération italienne qui, dans une conférence à Rimini, adressa à Bakounine un « témoignage
de reconnaissance pour son œuvre révolutionnaire ».

L'année 1870 n'avait pas vu de congrès général de
l'Internationale. En 1871, une simple conférence s'était
tenue à Londres. Elle était naturellement restée fidèle
aux idées de Marx et avait proclamé que « la constitu-
» tion du prolétariat en parti politique est *indispensable*
» pour assurer le triomple de la Révolution sociale et
» de son but suprême : l'abolition des classes ». Marx
était préoccupé de la réunion d'un congrès général. Il
eut lieu à La Haye en 1872. Marx espérait trouver dans
la Hollande un milieu soumis à l'influence germanique.
Il se trompait, et les Hollandais votèrent contre lui.
Mais cela n'empêcha pas son triomphe. Triomphe tout
apparent du reste! Le congrès est entièrement rempli
par les querelles des Marxistes et des Bakounistes. Karl
Marx réussit à faire prononcer l'exclusion des délégués
de la fédération jurassienne : Guillaume et Schwitz-

guébel, amis personnels de Bakounine. Mais sa défaite
était inévitable. Il la reconnut en quelque sorte en trans-
férant à New-York le siège du Conseil général de l'Internationale.

A la suite du congrès de La Haye, la fédération
jurassienne — dont les idées bakounistes l'avaient fait
mal voir de Marx — tint un congrès à Saint-Imier. Dans
la même salle se tint quelques instants après un congrès
international dont voici les résolutions essentielles :

Le congrès déclare :

1° Que la destruction de tout pouvoir politique est le
premier devoir du prolétariat.

2° Que toute organisation d'un pouvoir politique, soi-
disant provisoire et révolutionnaire pour amener cette
destruction, ne peut être qu'une tromperie de plus et
serait aussi dangereuse pour le prolétariat que tous les
gouvernements existant aujourd'hui.

3° Que, repoussant tout compromis pour arriver à
l'accomplissement de la révolution sociale, les prolétaires de tous les pays doivent établir, en dehors de
toute politique bourgeoise, la solidarité de l'action
révolutionnaire (1).

Le congrès repoussait donc nettement le socialisme
politique. Il fallait donc, pour réaliser la Révolution
sociale, entrer dans une autre voie que la voie politique
et, tout naturellement, le congrès examina la question

(1) J. Guillaume, *op. cit.*, t. III, p. 8.

de la grève. Mais il n'examina que la grève partielle.
Elle ne pouvait évidemment pas suffire.

« ..... La grève est pour nous, déclara-t-il, un moyen
» précieux de lutte, mais nous ne nous faisons aucune
» illusion sur ses résultats économiques. Nous l'accep-
» tons comme un produit de l'antagonisme entre le
» travail et le capital, ayant nécessairement pour con-
» séquence de rendre les ouvriers de plus en plus
» conscients de l'abîme qui existe entre la bourgeoisie
» et le prolétariat, de fortifier l'organisation des tra-
» vailleurs et *de préparer,* par le fait de simples luttes
» économiques, *le prolétariat à la grande lutte révolu-*
» *tionnaire et définitive* qui, détruisant tout privilège
» et toute distinction de classe, donnera à l'ouvrier le
» droit de jouir du produit intégral de son travail et,
» par là, les moyens de développer dans la collectivité
» toute sa force intellectuelle, matérielle et morale » (1).

Nous voyons dès cette époque s'affirmer une théorie
aujourd'hui chère à la C. G. T. La grève partielle est
insuffisante, sans doute, mais, en dehors de tout résultat
économique, elle possède une grande puissance éduca-
tive. Elle donne au travailleur l'impression exacte de
son rôle d'opprimé, lui fait matériellement voir le fossé
qui sépare la classe ouvrière de la classe capitaliste.
Elle est comme une manœuvre. Chacun y acquiert le
sens de la lutte et se prépare ainsi au combat final qui

(1) J. Guillaume, *op. cit.,* t. III, p. 9.

renversera la société bourgeoise. Le mot n'est pas prononcé dans la déclaration du congrès de Saint-Imier, on ne parle pas encore de la grève générale violente, mais l'idée y est exprimée d'une façon très nette.

C'est qu'à cette époque régnait dans beaucoup d'esprits une grande confusion. Peu d'hommes se faisaient une conception claire de la grève générale. On a vu que, vers 1869, on considérait la grève générale comme une arme pacifique. C'était le refus de produire, la simple cessation du travail qui devait amener un cataclysme et qui devait permettre aux ouvriers d'exiger la transmission des instruments de production.' C'est encore sous un tel jour qu'un journal anarchiste de Barcelone, *la Solidarité révolutionnaire*, nous décrit, en avril 1873, la grève générale : « *à jour fixé*, l'immense » machine du travail s'arrête; les mines n'ont plus » d'ouvriers, les fabriques et les ateliers sont vides, les » chemins de fer s'arrêtent le long de leurs rails, les » rues sans éclairage, le commerce sans postes, le gou- » vernement sans télégraphe, les boulangeries sans » pain, les boucheries sans viande, le peuple entier est » dans la rue et répond à ses maîtres anéantis : *je ne* » *recommencerai le travail que lorsque la propriété* » *sera transformée, que lorsque les instruments de tra-* » *vail seront dans ma main,* dans la main des travail- » leurs ».

Cette conception ne pouvait pas être celle d'hommes avides d'action, confiants en la victoire de la seule violence. Aussi comprend-on pourquoi, quand le comité révolutionnaire de Barcelone voulut organiser une insurrection (juin 1873), il opposait la grève à la révolution. « Il faut, disait-il, transporter... la solidarité ouvrière... sur un autre champ de bataille que celui de la grève, sur celui de la révolution (1). Au congrès général de Berne (1876), le délégué espagnol se plaignait encore de ce que beaucoup d'ouvriers « gaspillaient en grèves toutes leurs ressources ». Heureusement, ajoutait-il : « L'esprit gréviste perd du terrain à mesure que l'esprit révolutionnaire en gagne » (2).

Mais on peut dire qu'en *1873, la conception qui prévaut* — en Belgique et dans le Jura par exemple — est une conception nettement et entièrement révolutionnaire. La grève générale *est conçue comme arme révolutionnaire non seulement dans son but, mais aussi dans sa forme.* C'est en tant que grève violente qu'elle va être discutée au congrès anti-marxiste de Genève et ce caractère ira en s'accentuant dans les années suivantes. La grève générale pacifique réapparaîtra plus tard dans le P. O. B., en France dans le P. O. S. R. et dans les congrès de la Fédération des Bourses. Les conceptions de la grève générale restèrent d'ailleurs toujours un peu variées et confuses jusqu'au moment où elle s'incorpora dans la doctrine syndicaliste.

---

(1) J. Guillaume, *op. cit.*, t. III, p. 90.
(2) J. Guillaume, *op. cit.*, t. IV, p. 91.

§ III. *Le congrès de Genève et la discussion de la grève*
générale (1873).

L'année 1873 est une année importante dans l'histoire
de la grève générale à cause de son identification avec
la révolution sociale et de l'important débat du congrès
de Genève où tant d'idées diverses furent émises à son
sujet.

L'esprit fédéraliste gagnait à cette époque tous les
pays latins et Marx voyait s'accentuer sa défaite. En
décembre 1872, un congrès belge (de Bruxelles) et un
congrès espagnol (de Cordoue) proclamèrent les principes fédéralistes. En 1873, un congrès anglais repoussa
les résolutions de La Haye. De même, en mars, le congrès de la Fédération italienne.

Le conseil général de New-York venait de déclarer
nulles les résolutions du congrès de Saint-Imier et de
suspendre la Fédération jurassienne. Celle-ci se préoccupa de réunir, pour le mois de septembre, un congrès
général en priant toutes les Fédérations « qui ne recon-
naissaient pas les pouvoirs autoritaires du conseil général de New-York » d'y envoyer des délégués.

Sa demande devait être bien accueillie. L'Angleterre,
l'Espagne, l'Italie avaient repoussé les résolutions de
La Haye. Il en fut de même de la Belgique. La grève
générale y était très discutée dans les congrès de la
Fédération belge. Celle-ci avait tenu, le 13 avril, un
congrès à Verviers où la grève générale était présentée

*comme le moyen d'opérer l'expropriation de la classe
capitaliste.* La population wallonne, coutumière des
grèves, se rendait compte des désastres qu'elles entraî-
naient. Les grèves partielles n'étaient qu'un calmant à
un mal chronique : les inégalités sociales. Elles visaient
seulement à les atténuer. Il fallait arriver à les supprimer et la grève générale paraissait l'idéal remède.
C'était l'opinion des délégués Flink (de Verviers) et
Standaert (de Bruxelles). « Ce qu'il y aura de plus
» utile, disait ce dernier, dans la propagande en faveur
» d'une grève générale, c'est que cette propagande fera
» renoncer aux grèves partielles, qui produisent souvent
» de si déplorables résultats et dont *l'insuccès* décourage
» et écrase les corporations ». Le *Bulletin de la Fédération jurassienne* rendait compte de ce congrès quelque temps après, en partageant l'avis des délégués belges, mais sans croire toutefois à la possibilité de supprimer absolument les grèves partielles « cette idée,
» disait-il, fera abandonner les grèves partielles *toutes
» les fois que l'absolue nécessité de celles-ci ne sera pas
» démontrée.* Nous éviterons ainsi beaucoup de sacri-
» fices inutiles, beaucoup de désastres qui font à la
» cause un tort matériel et surtout moral incalcula-
« ble » (1).

Au mois d'août (15 et 16) se tint un nouveau congrès
à Anvers. Il fallait « tout préparer pour la grève uni-

_____

(1) J. Guillaume, *op. cit.,* t. III, p. 81.

» verselle, en renonçant aux grèves particlles, sauf le cas de légitime défense ».

Quinze jours après se réunissait à Genève le congrès antiautoritaire qu'avait organisé la Fédération jurassienne, celui dont Engels avait dit « qu'il se réunirait dans quelque trou du Jura » (lettre à Sorge). L'ordre du jour était le suivant : 1° constitution définitive du pacte de solidarité entre les fédérations libres de l'Internationale et revision des statuts généraux de l'Association ; 2° de la grève générale (sur la proposition de la Belgique) ; 3° organisation universelle de la résistance et tableaux complets de la statistique du travail.

Le congrès nomma une commission pour étudier la grève générale. La question fut discutée dans deux séances administratives et comme on ne publiait pas les débats des séances administratives, on ignora longtemps ce qui s'était dit à Genève à propos de la grève générale. Émile Pouget écrivait encore, en 1905, « qu'il était du plus haut intérêt de publier le procès-verbal de cette importante séance » (1). Son vœu est aujourd'hui comblé. James Guillaume, dans son livre sur l'Internationale, en donne un compte rendu détaillé auquel sont empruntés la plupart des détails qui vont suivre (2).

(1

---

(1) H. Lagardelle, *La grève générale et le socialisme,* p. 39 en note.

(2) J. Guillaume, *op. cit.,* t. III, p. 106 à 134.

Dans ce long débat qui tint deux séances, on peut dire que trois opinions se firent jour. *Pour certains*, la grève générale était irréalisable, et parmi eux se trouvait M. Brousse, alors réfugié à Barcelone. La grève générale paraissait à M. Brousse impraticable en France et en Italie; et la révolution lui semblait seulement possible en France sous la forme d'un mouvement communaliste. Un délégué espagnol, Viñas, vint apporter une opinion que l'on connaît déjà (1) et suivant laquelle la grève doit être opposée à la révolution. Il pensait à la grève générale pacifique, forme de grève qu'avaient d'ailleurs pratiquée les ouvriers de Barcelone, et que décrivait en 1873 la « Solidarité révolutionnaire ». C'était la grève qui, à ses yeux, avait écarté les ouvriers du mouvement révolutionnaire. Il fallait avant tout leur faire comprendre la nécessité de la Révolution et alors ils feraient cette Révolution sans avoir besoin du prétexte d'une grève. Quant à Hales, le délégué anglais, il allait plus loin et traitait la grève générale « d'absurdité ».

D'autres accordaient à la grève générale un simple pouvoir *réformiste*. Les Anglais l'avaient déjà préconisée à Genève (1866) sous cette forme, pour obtenir une hausse des salaires, et elle allait tenir plus tard une grande place dans la doctrine syndicaliste, sous le vocable de « grève généralisée ». Si la grève générale

_____

(1) Cf. *supra*, p. 36 et 37.

ne pouvait pas être internationale et ne pouvait pas opérer l'expropriation capitaliste, pourquoi ne serait-elle pas un moyen d'agitation, un moyen de pression sur les gouvernements bourgeois ? C'était la conception que développait le rapport adressé par le Conseil Fédéral de l'Amérique du Nord (1), et que mirent en pratique les ouvriers des États-Unis quand ils se soulevèrent en 1886 pour conquérir la journée de huit heures.

Alérini donna au congrès un exemple des résultats que l'on pouvait obtenir par cette grève *généralisée* à une localité. Il le tirait de l'histoire des récents événements d'Espagne. « A Alcoy, dit-il, les ouvriers de cer-
» tains corps de métiers étaient en grève, ils allaient
» succomber et se voir forcés de reprendre le travail
» sans avoir rien obtenu, lorsque la commission fédé-
» rale espagnole proposa de faire une grève générale de
» *tous les corps de métiers* de la ville, ceux-ci prenant
» l'engagement que, dans aucun corps de métiers, les
» ouvriers ne reprendraient le travail avant que tous
» les autres n'aient obtenu satisfaction. Cette grève
» générale amena un conflit armé dans lequel les
» ouvriers renversèrent l'autorité locale, les principaux
» bourgeois furent arrêtés comme otages, et, quand le
» général Velarde se présenta devant Alcoy avec une
» armée, il dut négocier. Les otages s'offrirent à une
» médiation ; le gouverneur de la province promit qu'il

(1) H. Lagardelle, *La grève générale et le socialisme*, p. 40.

» ne serait exercé aucune poursuite contre les insurgés.
» Les conditions que les grévistes exigeaient de leurs
» patrons furent acceptées et une taxe fut imposée aux
» bourgeois, avec le produit de laquelle les travailleurs
» furent indemnisés des journées perdues pendant la
» grève ».

Sans doute les ouvriers s'étaient, à Alcoy, emparés
de l'autorité locale, mais non pas dans le but de créer
une société sur des bases nouvelles et de décréter la
suppression du salariat. Leur but était plus modeste;
ils voulaient simplement voir aboutir leurs revendications partielles. Aussi se bornèrent-ils à retenir des
bourgeois comme otages, mesure en somme pacifique.

D'après ce que l'on sait de l'histoire de la grève
générale dans l'Internationale, on peut prévoir quels
allaient être ceux qui allaient affirmer la nécessité, pour
la grève générale, d'*être internationale et révolutionnaire*. Ce furent les Belges et les Jurassiens et leur opinion fut adoptée par la commission.

« La commission, dit le rapporteur Joukovsky,
» pense que la question de la grève générale est *subor-
» donnée à la réalisation plus ou moins* achevée de *l'or-
» ganisation régionale et internationale des corps de
» métiers...* ».

« Ce que nous désirons examiner, disaient les délé-
» gués belges Manguette et Verrycken, c'est la possibi-
» lité de rendre le mouvement international; nous vou-
» drions que, lorsque dans un pays les travailleurs se

» mettent en révolte, que ce soit sous la forme de grève
» générale ou sous une autre forme, les autres peuples
» combinent leurs efforts avec ceux du pays révolté ».
C'était là une conclusion logique. La grève générale
avait été aux yeux des ouvriers l'aboutissant nécessaire des grèves partielles. Mais elle aurait été incom-
plète, sans son caractère international. C'était l'avis de
James Guillaume qui disait : « La grève générale pour
» vaincre devra être internationale ». On ne pensait
cependant pas à la décréter. Il ne vint à l'idée de personne au congrès de profiter de la puissance de l'Internationale pour, en secret, choisir le jour de la révolution finale. La grève générale pour réussir pouvait
très bien commencer dans un pays, même dans une
région d'un pays, pourvu qu'elle se généralisât, qu'elle
fît tache d'huile. C'est encore aujourd'hui la doctrine de
la C. G. T.

Si les travailleurs savaient comprendre les effets de
la solidarité, quelle arme terrible ils avaient entre leurs
mains ! Car la grève générale qu'était-ce au fond, sinon
la Révolution sociale ? Elle devait, pour réussir, être
révolutionnaire et elle ne pouvait *être que révolutionnaire.* « La grève générale, disait le rapport de la
» commission, n'est rien autre chose que la Révolution
» sociale; car il suffit de suspendre tout travail seule-
» ment pendant dix jours, pour que l'ordre actuel
» s'écroule entièrement »... On peut dire, en somme, que
la grève générale est le prélude nécessaire de la révo-

lution. C'est un acte inévitable. Pour se mettre en révolte, les travailleurs doivent quitter le travail, et cela fait, réaliser la révolution. « C'est un moyen d'amener un mouvement révolutionnaire », disaient les Belges.

Aussi s'abstenait-on de prophétiser à son sujet, d'en donner des descriptions fantaisistes. Un délégué italien, cependant, proposait un projet de résolution assez original, une merveille d'optimisme : « Chaque grève générale partielle devait être organisée de telle façon qu'une seule catégorie de métiers fût en grève dans les différentes localités et que la catégorie en grève fût soutenue solidairement par toutes les autres. Le *produit de l'augmentation* de salaire obtenue par cette première victoire devait contribuer à soutenir une seconde catégorie de métiers qui se mettrait en grève à son tour, et ainsi de suite, jusqu'à complet triomphe ». C'était une suite de grèves réformistes et pacifiques qui devait amener la grève générale révolutionnaire. La théorie, il faut l'avouer, était d'une simplicité vraiment séduisante.

La conception dominante était celle d'une *grève générale expropriatrice violente*. Et cependant, le vote d'une résolution embarrassa fort le congrès. C'est que, si les débats allaient être tenus secrets, la résolution allait être publiée, et le congrès redoutait les suites de la publicité. Joukovsky vint bien dire au nom de la commission : « La question n'a pas à recevoir de solution parce que la discussion mettrait nos adversaires au courant des moyens que nous avons l'intention d'employer pour la révolution sociale ». Costa vint bien affirmer que le congrès ne devait pas se prononcer, car ce serait risquer de faire sourire le bourgeois, — la vérité était que le congrès avait peur d'étonner par sa violence.

Tous les délégués, sauf deux, s'étaient malgré tout prononcés pour le vote d'une résolution. Ce vote fut accompagné de discussions assez obscures. On adopta finalement une résolution présentée par la commission en se contentant de changer certains mots de place, pour plus de clarté, et d'ajouter une phrase recommandant une active propagande socialiste et révolutionnaire. Mais le mot révolutionnaire lui-même disparut sur la demande de Verrycken. La résolution finale qui fut votée et qui suit n'est donc que le bien pâle reflet des discussions des deux séances.

« Le congrès, considérant que dans *l'état actuel de » l'organisation de l'Internationale*, il ne peut pas être » donné une solution complète à la grève générale, » recommande d'une façon pressante aux travailleurs » l'organisation internationale des unions de métiers, » ainsi qu'une active propagande socialiste ».

Le congrès modifiait en même temps les statuts de l'Internationale et déclarait notamment : « L'émancipation économique des classes ouvrières est le grand but auquel tout mouvement politique doit « être *subor-*

donné ». Les mots « comme moyen » disparaissaient.
C'était donc la défaite du socialisme politique, défaite
d'autant plus éclatante que le congrès marxiste qui se
tenait dans la même ville « faisait fiasco » au dire de
Marx lui-même (1).

Mais la victoire du socialisme anti-parlementaire
était-elle décisive? Était-elle durable? Loin de là. On
assistait à cette époque à un affaiblissement du socialisme et non pas seulement à une décadence du socialisme parlementaire. L'Internationale va vivoter encore
pendant quelques années et c'est à peine si le souvenir
de la grève générale va se maintenir quelque temps au
milieu d'elle. Bien des délégués avaient proclamé
d'ailleurs cette grève impraticable dans les pays qu'ils
représentaient. Que pouvait donc devenir la grève générale, alors qu'elle perdait ainsi un de ses caractères les
plus essentiels : le caractère international? Fondant sur
elle plus d'espoirs, d'autres membres du congrès
l'avaient bien acceptée, mais sans se faire trop d'illusions et en se rendant compte qu'une longue propagande était nécessaire. La grève générale va agoniser
lentement en même temps que les vestiges de l'Internationale. Tout en étant agitée de temps à autre, elle va
bientôt disparaître et tomber dans l'oubli.

_____

(1) « *Le fiasco du congrès de Genève était inévitable* »... Lettre à
Sorge, 27 septembre 1873 citée par J. Guillaume.

§ IV. *Le déclin de la grève générale et le retour à l'action politique.*

En mars 1874, le Conseil régional belge, siégeant à Verviers, affirma une fois de plus l'insuffisance des grèves partielles et engagea sérieusement les associations ouvrières à examiner « la voie révolutionnaire, » qui seule pouvait amener le triomphe des travail- » leurs » (1).

Dans le Jura, on proclamait toujours la nécessité de résoudre la question sociale par la voie internationale. Une grève générale ne pouvait avoir des chances de succès que par l'entente des travailleurs de tous les pays. « Le seul moyen pour assurer le succès des » revendications ouvrières, c'est de généraliser la lutte, » c'est d'opposer à la ligue universelle du capital la » ligue universelle du travail » (2). Les Jurassiens n'étaient pas découragés par les résultats négatifs des débats du congrès de Genève. Ils espéraient vaincre l'opposition de ceux qui avaient combattu la grève générale. Ils espéraient qu'une fois organisées en fédérations puissantes, les masses seraient capables d'agir, et de s'entendre à travers les frontières. Un article de Schwitzguébel, qui parut à cette époque dans le *Bulletin de la Fédération jurassienne,* montre bien l'idée que l'on se faisait de la grève générale.

---

(1) J. Guillaume, *op. cit.*, t. III. p. 171.
(2) J. Guillaume, *op. cit.*, t. III, p. 175.

« Par suite du peu d'améliorations réelles qui ont été
» obtenues par les grèves partielles, malgré les grands
» sacrifices qu'ont faits les ouvriers, l'idée d'une grève
» générale des travailleurs, qui mettrait fin aux misères
» qu'ils subissent, commence à être sérieusement dis-
» cutée par des associations ouvrières mieux organisées
» que les nôtres. Ce serait certainement là un acte
» révolutionnaire *capable de produire une liquidation*
» *de l'ordre social actuel et une réorganisation confor-*
» *mément aux aspirations socialistes des ouvriers.* Nous
» pensons que cette idée ne doit pas être écartée comme
» utopique, mais, au contraire, mûrement étudiée chez
» nous aussi ; et si nous arrivons à nous convaincre de
» la possibilité de sa réalisation, il faudrait *nous enten-*
» *dre avec les fédérations ouvrières de tous les pays sur*
» *les moyens d'action* ».

Mais les souhaits de Schwitzguébel ne furent pas
exaucés. Il allait devenir bien difficile de s'entendre au
sujet des moyens d'action. Chaque pays allait employer
ceux qui lui paraissaient les plus convenables ; déjà,
en septembre 1874, le congrès général de Bruxelles
pensait qu'il appartenait à chaque Fédération de décider
si l'action politique pouvait être utile à l'avènement de
la révolution sociale. Puis, les liens de l'Internationale
unissant tous les travailleurs allaient en se relâchant
chaque jour davantage.

La Belgique et le Jura restaient les derniers foyers
de la grève générale. Elle était cependant encore admise

dans les milieux hollandais (1). Mais, en France, le
socialisme révolutionnaire avait été tué après la Commune; l'Internationale, privée de ses chefs, en était
réduite à la propagande clandestine; le mouvement
ouvrier était lent et peu sûr; le syndicalisme qui renaissait était un syndicalisme modéré, respectueux des lois;
les idées de l'Internationale ne demeuraient vivantes
que chez certains hommes et non dans la masse des
travailleurs. En Italie et en Espagne, des troubles écla-
taient, qui étaient sévèrement réprimés, et la grève
générale n'y était guère préconisée. C'était l'insurrection dans toute sa violence et avec tous ses excès, l'insurrection dans le but de détruire et sans aucune idée
de reconstruction. Les chefs de l'Internationale étaient,
d'ailleurs, arrêtés, emprisonnés et à leur arrestation
correspondait un ralentissement du socialisme révolutionnaire. Les masses n'étaient pas assez organisées
pour se rendre compte de leur puissance et croire à la
possibilité de la grève générale ou à la réussite d'une
révolution. Dans les pays où le socialisme se développait plus lentement, ce n'était pas avec des nuances
violentes. En Angleterre, en Amérique, en Allemagne,

---

(1) « Je crois, pour mon compte, disait Gérhard d'Amsterdam,
» qu'en définitive la voie qu'on suivra sera la révolution, c'est-
» à-dire *la levée en masse* des *prolétaires* prenant de vive force
» toutes les terres, mines, vaisseaux, fabriques, machines, enfin
» tous les instruments de travail *et expropriant les propriétaires*
» *actuels* » (J. Guillaume, *op. cit.*, t. III, p. 263).

se constituaient des partis *nationaux*. Tout en affirmant la solidarité des travailleurs de tous les pays, ils se préoccupaient avant tout d'avantages immédiats et se tournaient à nouveau vers cette action politique dont les vrais internationalistes avaient si longtemps décrit tous les méfaits. L'Allemagne consacrait tous ses efforts à faire aboutir les candidatures ouvrières, et le *Vorwaërts* n'allait-il pas jusqu'à louer la répression de l'insurrection de Notre-Dame de Kazan? (1).

Bakounine, qui touchait à la fin de sa vie (2), était désabusé! Il conseillait à James Guillaume de « faire sa paix avec la bourgeoisie ». Malade et fatigué, il s'était retiré du combat. D'une lettre qu'il écrivait à Élisée Reclus (15 février 1875), j'extrais ces quelques lignes :
« La révolution est rentrée dans son lit, nous retombons
» dans la période des évolutions..... Je m'accorde avec
» toi à dire que *l'heure de la.Révolution est passée.....*
» J'ai constaté et je constate chaque jour de nouveau
» que la pensée, l'espérance et la passion révolution-
» naires ne se trouvent absolument pas dans les masses ;
» et, quand elles sont absentes, on aura beau se battre
» les flancs, on ne fera rien. J'admire la patience et la
» persévérance héroïques *des Jurassiens et des Belges,*
» ces derniers Mohicans de feu l'Internationale et qui,
» malgré toutes les difficultés, adversités, et malgré

(1) J. Guillaume, *op. cit.*, t. IV, p. 137.
(2) Il mourut le 1er juillet 1876.

» tous les obstacles, au milieu de l'indifférence géné-
» rale, opposent leur front obstiné au cours absolu-
» ment contraire des choses..... ».

Qu'allaient devenir les efforts des Belges et des Jurassiens au milieu de cette désorganisation des masses? On
était à cette époque avant tout préoccupé de la réduction des heures de travail. Les Jurassiens, fidèles à
l'esprit et à la méthode bakounistes, voulaient obtenir
des réformes sans intervention législative, par simple
voie de pression sur le gouvernement. Ils reconnais-
saient toutefois la puissance du vote en Allemagne. Les
moyens d'action internationaux n'avaient donc plus
aucune faveur. L'esprit international perdait du terrain
même en Suisse. La Suisse était « devenue une petite
Prusse avec son chauvinisme » (1), et au Congrès jurassien de la Chaux-de-Fonds de 1876, les deux sections
de Bâle proposèrent de changer le nom de Fédération
Jurassienne en celui de Fédération Suisse. Cette proposition fut repoussée, mais elle dénotait clairement l'existence d'un état d'esprit *national*.

Dans les derniers jours d'août 1877, une conférence
de délégués français, organisée par M. Brousse, se tint
à la Chaux-de-Fonds. Sa sixième résolution faisait allusion à la grève générale telle que l'avait conçue le Congrès de Genève en 1873. « Dans le cas où des grèves
» éclateraient dans les contrées où les sections fran-

---

(1) J. Guillaume, *op. cit.*, t. III, p. 310.

» çaises ont de l'influence, les sections de la Fédération
» française devront profiter de la circonstance *pour*
» *donner à la grève un caractère socialiste révolution-*
» *naire, en engageant les grévistes à faire disparaître*
» *leur situation de salariés par la prise de possession de*
» *vive force des instruments de travail* » (1).

Telle est la dernière trace de la grève générale dans
le Jura. Si l'esprit international reculait à grands pas,
l'esprit révolutionnaire allait se modifier grandement.
On n'allait plus parler de la solidarité des travailleurs,
ni se reposer avec confiance sur la puissance des masses
capables d'ébranler dans leur juste colère tout l'édifice
capitaliste! Le prince Kropotkine allait continuer l'œuvre
de Bakounine et faire dans le Jura de la propagande
révolutionnaire. Mais il devait prêcher uniquement « la
propagande par le fait » de même que Cafiero et Mala-
testa avaient prêché « le fait insurrectionnel » en Italie.
C'était l'exagération des idées bakounistes et du programme de l'Internationale. On ne pensait plus désormais à l'union dans la lutte (2). La révolte était le fait
de quelques exaspérés qui par leur violence même
avouaient leur impuissance. Le mouvement révolution-

---

(1) J. Guillaume, *op. cit.,* t. IV, p. 248.

(2) A propos de la solidarité internationale dans l'action révolutionnaire, le congrès général de Berne déclara « que les
» ouvriers de chaque pays sont les meilleurs juges des moyens
» les plus convenables à employer pour faire la propagande socia-
» liste ». J. Guillaume, t. IV, p. 105.

naire allait se composer « d'émeutes de détail ». Ce mouvement était d'ailleurs tout de surface. Bakoukine avait raison de dire que dans ce cas « on a beau » se battre les flancs, on n'arrive à rien ». Les résultats furent nuls. Les succès de la répression amenèrent les masses à se diriger plus encore vers l'action politique.

En 1878 le *Bulletin de la Fédération jurassienne* cessait de paraître à cause (et ces raisons sont significatives) de la « diminution du chiffre d'abonnés » et « du . » peu de régularité dans le paiement des abonnements ». *L'Avant-Garde* ne vécut que jusqu'en décembre de la même année. M. Brousse allait revenir en France et scandaliser jusqu'à M. Guesde par sa politique réformiste. — Voici ce qu'écrivait James Guillaume au moment de quitter le Jura : « Je dois ajouter aussi que, » dans la région suisse, certaines choses étaient de » nature à me contrister et à me décourager. Il fallait » bien constater, par exemple, que sur les bords du lac » Léman, à Genève, à Lausanne, à Vevey, malgré les » efforts de quelques camarades dévoués, nous n'avions » pas avec nous la masse ouvrière, trop disposée à se » laisser égarer par les politiciens » (1).

Si les Jurassiens allaient « se laisser égarer » par la politique il allait en être de même des Belges. Le socialisme progressait surtout dans la région flamande de la

_____

(1) J. Guillaume, *op. cit.*, t. IV, p. 304.

Belgique et les sections de Gand et d'Anvers prenaient
l'initiative de s'adresser à la législature pour obtenir
une loi sur le travail des enfants. « Ce mouvement,
» disait de Paepe, est un premier pas qui sera proba-
» blement suivi d'autres manifestations ou d'autres
» mouvements de politique ouvrière ». L'ancien grève-
généraliste du congrès d'Anvers ne se trompait pas. Le
4 janvier 1875 était fondée à Bruxelles une chambre du
travail, fédération des sociétés ouvrières bruxelloises.
Les principaux initiateurs du mouvement étaient Bazin
et Louis Bertrand. « Ils voulaient créer un centre
» d'action et de réveil socialiste qui se bornerait à tra-
» vailler à Bruxelles pour le moment, mais qui devait,
» dans la suite, s'étendre au pays tout entier, et en faire
» sortir un Parti socialiste belge » (1). La chose n'était
pas facile ! Que de gens à convaincre ! A Verviers,
Bertrand et ses amis étaient regardés comme des « en-
dormeurs » (2). Guillaume de Greef qui devait, vers
1888, prêcher le rachat des charbonnages par l'État, se
refusait à les appuyer dans leurs démarches auprès du
Gouvernement. « Les anciens de l'Internationale... Ver-
» rycken, Standaert..., regardaient comme sacrilège le
» fait de tenter l'organisation d'un autre groupement
» embrassant tout le pays.

---

(1) Louis Bertrand, *Histoire du socialisme et de la démocratie en
Belgique*, t. II, p. 295.

(2) Louis Bertrand, *op. cit.*, p. 299.

» D'un autre côté, la méthode nouvelle, c'est-à-dire
» l'action à la fois politique et économique des ouvriers,
» n'avait pas obtenu l'adhésion de tous les travailleurs
» organisés, et il y eut là encore bien des résistances à
» vaincre.

» *Il fallut donc se montrer très prudent,* ne pas mé-
» contenter les Internationalistes *et ne pas affirmer*
» *trop rigoureusement* la tendance nouvelle, et ce pour
» réunir le plus d'adhésions possible » (1).

C'est que les ouvriers wallons étaient encore fortement
imprégnés des idées bakounistes. Si l'action politique
devait devenir pour un moment prépondérante, ce n'est
certes pas que l'on réussît à les convaincre, mais beaucoup de sections faiblissaient et déclinaient dans leur
région, et leurs tentatives de lutte devaient rester vaines.
Dans les meetings à propos de la pétition concernant le
travail des enfants, les ouvriers votaient contre ou s'abs-
» tenaient. « Les ouvriers... de la Vesdre sont restés ce
» qu'ils étaient et n'ont aucunement changé d'idée :
» socialistes et révolutionnaires ils ne peuvent et ne
» sauraient pactiser avec les partis bourgeois » (2).

Les Flamands continuaient cependant une propagande active. Ils se préoccupaient déjà d'obtenir le
suffrage universel. Mais cette conquête n'avait rien de

---

(1) Louis Bertrand, *Histoire du socialisme et de la démocratie en
Belgique,* t. II, p. 300.
(2) Lettre d'Emile Piette, J. Guillaume, *op. cit.,* t. IV, p. 120.

séduisant pour les Wallons. « Là où le suffrage uni-
» versel existe, disaient les délégués de Verviers au
» congrès de Gand d'avril 1877, le pain est au même
» prix que là où il n'existe pas ».

Au congrès de l'Internationale de Verviers (1877),
les Wallons proclamèrent la nécessité de la révolution
sociale et adoptèrent des résolutions nettement antiparlementaires.

« Considérant, que la société actuelle est divisée non
» pas en partis politiques, mais en situations économi-
» ques : exploités et exploiteurs, ouvriers et patrons,
» salariés et capitalistes.....

» Le congrès décide qu'il ne fait aucune différence
» entre les divers partis politiques, qu'ils se disent
» socialistes ou non : tous ces partis, sans distinction,
» forment à ses yeux une masse réactionnaire, et il croit
» de son devoir de les combattre tous.

» *Il espère que les ouvriers* qui marchent encore dans
» les rangs de ces divers partis, instruits par les leçons
» de l'expérience et par la propagande révolutionnaire,
» ouvriront les yeux et *abandonneront la voie politique*
» *pour adopter celle du socialisme révolutionnaire* ».

Mais à propos des grèves, aucune résolution ne fut
prise. C'était le dernier essai de résistance des Wallons désorganisés. La résolution qu'ils présentèrent au
congrès international de Gand de la même année fut
repoussée par les Allemands et les Flamands.

Jurassiens et Belges avaient vu échouer tous leurs

efforts. L'action politique, préconisée par Marx, allait de nouveau séduire les masses et l'action violente et directe de Bakounine allait être exagérée par quelques disciples pour être bientôt regardée avec indifférence'. L'Internationale, minée par des luttes de personnes, était virtuellement morte depuis quelques années. Cependant, l'on ne peut pas dire que cette fameuse querelle entre Marx et Bakounine et cette bataille autour des moyens d'action aient seules causé sa chute. L'Internationale a disparu, non pas tant à cause de ses dissensions intestines qu'à cause de sa naissance prématurée. Il semble qu'une forte Association Internationale dût être étayée sur des Associations Nationales puissantes. Il n'en était rien. Manquant de cette base solide, l'Internationale s'est effritée peu à peu sous les coups que lui portèrent à la fois et les événements et ses adversaires. La cause de la disparition momentanée de la grève générale n'est pas différente Elle avait été conçue comme *internationale* et comme devant amener le bouleversement social tant désiré. Elle était donc prématurée. Elle supposait non seulement une Internationale puissante, mais des associations nationales richement vivantes. Après la disparition de l'Internationale, on ne s'étonnera donc pas de ne pas la voir revivre dans les groupes ouvriers nationaux et d'être obligé d'attendre leur développement pour lui voir retrouver un regain de vitalité. Soucieux de voir diminuer leur journée de travail, préoccupés, en Belgique, d'obtenir le suffrage universel, en France, de se voir reconnaître le droit d'association, les ouvriers tournaient leurs regards vers l'État, qui seul, maintenant que l'Internationale était morte, pouvait réaliser ces réformes. Mettant un frein à leurs désirs, les masses, guidées par quelques chefs plus modérés et moins ambitieux que les « anciens de l'Internationale », allaient se cantonner dans les revendications partielles. Le *Mirabeau*, de Verviers, le *Travailleur*, de Genève, défendaient encore les vieilles tendances..... mais sans beaucoup de succès, car partout, fatigués de la lutte, les travailleurs aspiraient au calme.

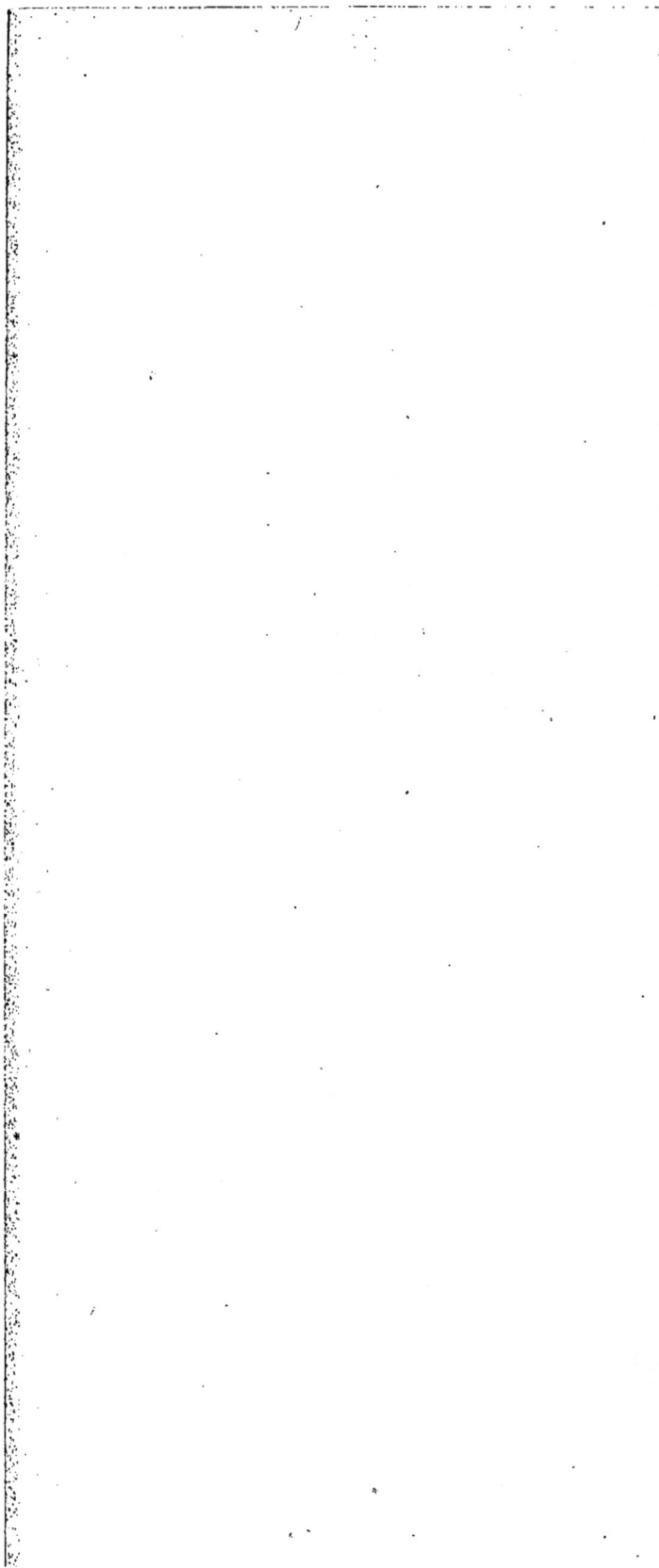

CHAPITRE II

La grève générale de 1876 à 1894.

———

§ I. *Les tâtonnements du socialisme révolutionnaire*
(1876-1886).

Le mouvement syndical, qui prit naissance en France vers 1876, fut modéré et respectueux des lois. Les dirigeants de ce mouvement étaient ou mutualistes ou coopérateurs. Barberet en était alors le principal représentant. Il était hostile à la grève et écrivait fièrement dans le *Rappel* que, depuis le début de sa campagne, « aucune corporation formée en chambre syndicale n'avait cessé le travail ». Aussi, les révolutionnaires de la Suisse décoraient-ils du nom dédaigneux de « Barberétistes » les délégués du premier congrès ouvrier qui se tint à Paris en 1876. Le *Bulletin de la Fédération jurassienne* ne cachait pas sa colère. « Quand on se » dit..... (qu'aux)..... congrès de l'Internationale a jadis » assisté l'élite du prolétariat parisien et qu'on voit » maintenant patauger à l'aveugle les parleurs du con- » grès de la rue d'Arras, on est forcé de s'avouer que » la réaction a bien fait son œuvre ; qu'en écrasant

» l'insurrection du 18 mars, elle a véritablement déca-
» pité le prolétariat français et qu'il faudra plusieurs
» années encore avant que les ouvriers du Paris actuel
» arrivent à comprendre la question sociale et à juger
» la situation de leur classe comme le faisaient les
» ouvriers socialistes de la fin de l'Empire » (1).

Le *Bulletin* ne se trompait pas, l'Internationale n'était
plus qu'un fantôme et les idées révolutionnaires n'avaient
pas la faveur des masses. Au congrès de Lyon, qui
suivit celui de Paris et que l'*Avant-Garde* traitait de
« carrément réactionnaire », Ballivet combattit, il est
vrai, les candidatures ouvrières et prôna la « destruction de l'état politique juridique, militaire et bourgeois
par la révolution sociale ». Mais l'amendement de
MM. Dupire et Ballivet fut rejeté par le congrès. Les
syndicaux abandonnaient nettement l'action révolutionnaire et violente pour s'engager dans la voie réformiste.

C'était chez les politiciens que la méthode violente
devait trouver pour un instant un terrain plus favorable
et un conflit devait bientôt éclater entre syndicaux et
collectivistes. Après que le collectivisme eut été
acclamé au congrès de Marseille (1879, la scission se
produisit au congrès du Havre de 1880. A Marseille, le
délégué de Bordeaux avait déjà déclaré que « les
» chambres syndicales n'avaient qu'un rôle à jouer :

---

(1) J. Guillaume, *op. cit.*, t. IV, p. 69.

» être le foyer de l'idée révolutionnaire ». Ce rôle
n'était pas celui que voulaient leur faire jouer les syndicaux. Ils étaient modérés et patriotes : le délégué de
Nancy fit, au milieu des applaudissements de ses amis,
la déclaration suivante qui détonait étrangement au
milieu des violences du congrès du Havre : « Les col-
» lectivistes veulent *tuer l'idée de patrie*. Or, nos popu-
» lations de l'Est ont au cœur une blessure *qui saigne*
» *toujours et qui empêche toute fraternité internatio-*
» *nale* ».

Les collectivistes, en effet, donnaient, à cette époque,
la main aux anarchistes et ne se séparaient pas d'eux
au sujet des moyens d'action. Comme il arrive souvent
dans ces ententes momentanées entre partis divers, les
idées d'un groupe déteignaient sur l'autre. A ce moment,
c'était l'influence anarchiste qui était largement prépondérante et c'est elle qui domina le congrès du Havre.
Les résolutions qui y furent prises à l'instigation des
anarchistes n'auraient pas été reniées par Bakounine
lui-même. On déclara que le prolétariat ne pouvait
arriver à son « émancipation » par *la voie* pacifique et
que « *la Révolution sociale par la force restait la seule*
solution définitive possible; l'appropriation collective
» du sol, du sous-sol... n'était considérée que comme
» une *phase transitoire vers le communisme libertaire* ».
Enfin, le congrès prit la décision suivante encore inspirée des anarchistes : « Le congrès du Havre déclare
» tenter *une dernière expérience aux élections* munici-

» pales et législatives de 1881 et, pour le cas *où elle*
» *n'aboutirait pas, ne retiendrait purement et simple-*
» *ment que l'action révolutionnaire* ».

M. Guesde n'était pas hostile à la méthode violente.
Dans une brochure écrite en 1879, il proclamait la
nécessité de la force pour réaliser la Révolution sociale.
« Quant à cette force, ajoutait-il, il se peut, quoique rien
» ne permette de l'espérer, *qu'elle soit le bulletin de*
» *vote, comme il se peut qu'elle soit le fusil* ». En 1882,
il écrivait encore dans l'*Égalité* : « Ce n'est pas sur la
» *question de la dynamite que nous nous séparons des*
» *anarchistes, prêts que nous sommes à employer comme*
» *ces derniers toutes les ressources* que nous fournit la
» science pour l'affranchissement de l'humanité. Tous
» les moyens nous paraîtront bons qui iront au but,
» c'est-à-dire à l'expropriation gouvernementale de la
» bourgeoisie, en vue de son expropriation économique.
» Nous ne sommes pas pour rien les successeurs et les
» vengeurs des pétroleurs de 1871 ».

Mais les divisions allaient naître. Cette entente générale sur les moyens d'action ne pouvait être durable.
Les congrès de Marseille (1879), de Paris (1880) (1),
du Havre (1880) avaient décidé d'employer « tous les
moyens possibles » pour arriver à la révolution. La
formule était beaucoup trop large. Des scissions allaient
se produire. L'amnistie allait apporter dans le monde

(1) Congrès régional.

des politiciens des germes de discorde. A Saint-Étienne, en 1882, M. Brousse, l'ancien bakouniste, se séparait de M. Guesde et inaugurait la politique des « possibi- » lités ». L'histoire du parti socialiste allait être pour longtemps féconde en querelles de personnes.

Vers 1883, M. Guesde lui-même se déjugeait. C'est cette année-là qu'il fit paraître avec Lafargue le *Pro-gramme du parti ouvrier*. Les idées qui y étaient émises étaient loin de concorder avec celles qui animaient les articles de l'*Égalité* l'année précédente. M. Guesde y disait en effet : « *La révolution ne peut être hâtée ni* » *par la dynamite* ou par des prises d'armes partielles, » *ni retardée par des réformes bourgeoises.* Aucun » homme, aucun parti ne peut la précipiter ni la con- » jurer, mais un parti conscient de la transformation » économique nécessaire pourra en prendre la tête; » voilà le rôle qui revient au parti ouvrier » (1). Cette partie du programme était donc dirigée à la fois contre les anarchistes et contre les possibilistes. La révolution y prenait un caractère fatal, inévitable (2).

L'action violente perdait donc de nombreux adhérents et était successivement abandonnée par les syndicats et par les partis politiques délivrés du joug anarchiste.

---

(1) G. Weill, *Histoire du mouvement social en France,* p. 237.

(2) Sur la cinquième question de son ordre du jour : « Le Parti ouvrier avant, pendant et après la révolution », le congrès de Roubaix (1884) vota une résolution inspirée du même esprit fata-liste que le programme de 1883.

Mais le mouvement syndical allait bientôt perdre de son caractère modéré; une Fédération des Syndicats allait se fonder et l'idée de grève générale devait rapidement sourdre au milieu d'elle.

§ II. *La renaissance des associations ouvrières (1886-1894).*

A. La Fédération des Syndicats et la brusque résurrection de la grève générale au congrès de Bordeaux (1888).

L'entente entre collectivistes et anarchistes n'avait pas duré, et l'égalité fut prompte à combattre les théories abstentionnistes. Quant au parti syndical, il faiblit avec rapidité. Le dernier congrès de Bordeaux (1882) ne réunit que 23 délégués bordelais; deux étaient venus de Paris, un du Nord, un d'Algérie (1). Tous les yeux se tournent vers le parti collectiviste qui va être pour longtemps déchiré par des querelles personnelles. Les préoccupations politiques y sont au premier plan : le premier but à atteindre c'est le Parlement.

Ce n'est qu'un peu plus tard que l'on devait s'occuper à nouveau de la révolution économique. Après la Commune il y avait plus à faire qu'à méditer la rénovation du monde. Il fallait se préoccuper de l'organisation des ouvriers, de l'application des lois protectrices des travailleurs. On se tourne alors vers le législateur pour lui demander un minimum « nécessaire » et ce minimum

(1) *Bibliothèque du Musée social,* nº 6518².

de protection, de mesures favorables une fois accordé,
au moment où le législateur prudent et soucieux des
réalités ne voudra pas aller plus loin, alors l'esprit de
révolution soufflera de nouveau ; les masses s'irriteront
de l'impuissance de l'action politique (1) et chercheront
d'autres moyens d'aboutir ; elles regarderont autour
d'elles et, se sentant à nouveau unies, fonderont leurs
espérances sur leur solidarité, voulant désormais obtenir par l'intimidation ou la violence ce qu'on ne leur
accordait pas de plein gré. L'oubli de la grève générale
au milieu de ces périodes de réorganisation, est tout
naturel. Les forces révolutionnaires sont à bout, vain-
cues, écrasées. Or la puissance de la grève générale et
sa popularité sont en corrélation directe et nécessaire
avec l'existence d'une vaste et puissante association
ouvrière. Tandis que l'Internationale mourait lentement, la grève générale tombait dans l'oubli pour ne
ressusciter presque spontanément qu'avec la naissance
d'une Fédération de syndicats.

La loi de 1884 venait de reconnaître aux syndicats
l'existence légale. Leur développement fut lent tout
d'abord, car les ouvriers se heurtaient à la résistance
et à l'ostracisme des patrons. Mais leur nombre aug-

(1) Aux élections de 1881, l'insuccès fut avoué par les collectivistes eux-mêmes. Dans le *Prolétaire*, M. Lavy estimait les voix
socialistes à 20.000 pour la Seine et 30.000 pour la province.
C'était l'échec du programme socialiste, qui se renouvela encore
aux élections législatives de 1885 ; G. Weill, *op. cit., passim*.

menta rapidement (1) et l'on eut vite l'idée de les fédérer. La Fédération fut créée au congrès national des syndicats ouvriers de Lyon de 1886. On craignit un moment que ce congrès ne continuât la tradition modérée et on lui reprocha d'avoir accepté des subventions des pouvoirs publics. Cette crainte était peu fondée ; les révolutionnaires dominèrent vite le congrès et firent repousser la loi de 1884 comme étant une « loi de police » ; ils recommandèrent au prolétariat de créer par tous les moyens possibles des organisations ouvrières pour les mettre en face de celles de la bourgeoisie à titre défensif et, ils l'espéraient, à titre « *bientôt offensif* ».

L'histoire du parti guesdiste est, pendant toutes les années qui vont suivre, intimement liée à celle de cette Fédération des Syndicats. Tandis que le parti possibiliste limite son action à Paris et aux Ardennes, le parti guesdiste se consacre à la propagande. Roubaix a vu le septième congrès du P. O. Le huitième n'aura lieu qu'en 1890, à Lille, pour préparer le divorce du parti guesdiste et de la Fédération des Syndicats en repoussant la grève générale. Cette idée, qui n'a trouvé aucune place dans l'ordre du jour du congrès de Lyon, à laquelle on fait timidement allusion au congrès de Montluçon (1887), est brusquement discutée au troisième congrès national des syndicats ouvriers (Bordeaux, Le Bouscat, 1888). Comment s'expliquer cette brusque réapparition ?

(1) De 68 en 1884, ils passent à 280 en 1886.

1o Les influences indirectes : les événements de Belgique.

De même qu'en 1873 la grève générale, depuis longtemps discutée en Belgique, fut agitée au congrès de
Genève sur l'initiative des Belges, de même, en 1888,
les événements de Belgique des deux années 1886 et
1887 contribuèrent à la réapparition de cette idée en
France. L'Internationale était morte. Mais l'esprit international renaissait timidement et les Français suivaient
attentivement les soulèvements populaires de Belgique.

A la suite de la décadence de l'Internationale, un
parti politique s'était constitué en Belgique. Dès le début de son existence, il se préoccupa de réaliser une
importante réforme. Il poursuivit avec opiniâtreté
l'obtention du suffrage universel. Dès 1880, des manifestations furent organisées à Bruxelles, manifestations
encore bien timides. Le 15 août, le cortège des manifes-
tants avait déployé des drapeaux rouges, mais un com-
missaire de police pria « poliment » les socialistes de
déposer leurs drapeaux ; les drapeaux furent roulés (1),
les ouvriers restaient encore indifférents. Les résultats
des manifestations pacifiques étaient nuls. Aussi le
Parti ouvrier lui-même chercha-t-il d'autres moyens de
lutte. Au congrès de 1881, où l'on s'occupa de réorganiser le mouvement pour le suffrage universel, plusieurs
orateurs « préconisèrent la propagande en faveur du

(1) Louis Bertrand, *op. cit.*, p. 342-343.

» refus du service militaire aussi longtemps que le suf-
» frage universel ne serait pas la loi du pays » (1). C'était
recourir à un moyen d'intimidation, à un moyen de
pression sur le gouvernement. Mais c'était là un moyen
illégal. Il ne devait pas trouver faveur auprès des
membres d'un parti politique. Ceux-ci devaient s'en-
thousiasmer d'une idée plus séduisante qui leur paraissait susceptible d'attirer à eux les masses wallonnes.
Hostiles, au fond, à la méthode de la grève, mais soucieux de ne pas rebuter l'esprit révolutionnaire, ils
devaient faire dans leur programme une place à l'idée
formidable de la grève générale... en la défigurant
toutefois. La grève qu'ils recommandèrent était une
grève simplement *réformiste*, préconisée dans un but
politique, grève qui devait jusqu'au bout rester *légale
et pacifique, sans aucune idée d'expropriation* (2).
L'histoire des événements de Belgique sortirait donc du
cadre de cette étude s'ils n'avaient eu, malgré tout, une
influence sur la réapparition de la grève générale en
France, et s'ils ne montraient bien l'utopie de ceux qui
ont longtemps voulu réaliser pacifiquement la révolution

(1) Louis Bertrand, *op. cit.,* p. 346.
(2) Cette idée n'était d'ailleurs pas nouvelle. Ce n'était pas la
première fois que l'on essayait d'accaparer la grève générale dans
un but politique. On a vu *qu'en 1842,* en Angleterre, des *assem-
blées chartistes réclamaient* la « grève générale » *afin d'obtenir* la
réalisation de leurs vœux, et notamment le *suffrage universel*
(Cf. *supra*, p. 23).

sociale : une fois livrées à elles-mêmes, les masses devaient vite s'abandonner à la violence. Le conseil général du Parti ouvrier (1) développa pour la première fois sa conception de la grève générale dans un manifeste de l'année 1886.

« Si le gouvernement et la classe capitaliste dont il
» est issu... persistent à refuser au travailleur le redres-
» sement de ses griefs légitimes, celui-ci n'est-il pas *en*
» *droit* de refuser tout travail à une société qui le traite
» en paria, et à proclamer la grève générale de tous les
» métiers ? Qu'on y réfléchisse, le *droit de se mettre en*
» *grève, le droit de coalition existe dans nos lois.* A
» défaut d'autres droits qu'on lui refuse, le peuple
» pourrait donc exercer celui-là, et étendre à *toutes les*
» *industries* et à toutes les régions du pays le refus de
» travail adopté en ce moment par les ouvriers de nos
» bassins houillers » (2).

Comme le montre cette dernière phrase, le manifeste

---

(1) Le Parti ouvrier belge avait été définitivement constitué en 1885.

(2) Cette conception est *toujours restée* celle du P. O. B. A propos du projet Millerand : « La grève et l'arbitrage obligatoires »,
voici l'objection que faisait le *Peuple,* en 1901 : « Avec la loi Mil-
» lerand, nous ne voyons plus la possibilité des grèves de solida-
» rité ou des grèves générales. Dans l'hypothèse où, par exemple,
» notre Conseil général déciderait qu'il y aurait lieu de *chômer*
» *dans tout le pays* pour conquérir le suffrage universel, nous
» n'entrevoyons pas la possibilité d'une grève générale, si ce
» n'est en violant la loi ».

avait été précédé d'une grève dans les bassins de Charleroi et du Borinage (18 mars). Quelques jours après le 18 mars, des bandes d'ouvriers précédés d'un drapeau rouge parcouraient tout le pays de Charleroi. On aurait dit une Jacquerie.... « Le soir, l'aspect du pays est » sinistre... Cinq châteaux ont flambé entièrement après » le pillage et la dévastation des caves et des mobi- » liers » (1).

Ce n'était pas là une grève pacifique et légale. Les Wallons s'étaient laissés aller à toutes les violences.. Aussi, le congrès du P. O. B. de Gand (25-26 avril) déclara « regretter les événements de Liége et de Charleroi ». La grève cessa, le travail fut repris peu à peu. Sans doute il y avait eu des excès. Mais la puissance même du mouvement avait montré qu'une grève générale était possible. La *Revue socialiste,* en France, publiait les manifestes du P. O. B. et consacrait quelques études à la Belgique. Le *Cri du Peuple* narrait longuement tous les événements de cette « guerre sociale ». C'était une année mouvementée pour le socialisme belge, « une des plus mouvementées..... depuis 1830 » (Bertrand).

Le P. O. B. ne renonçait pas à la grève générale. Il organisa tout d'abord pour le 13 juin une manifestation en faveur du suffrage universel. Elle fut interdite. Un congrès extraordinaire se réunit alors à Bruxelles, en

---

(1) *Revue socialiste,* 1886, p. 444.

la salle Saint-Michel, rue d'Or. Il était présidé par
Anseele. On y adopta la proposition suivante : « Prépa-
« ration à la grève générale pour vaincre les résistances
» du gouvernement à l'égard du suffrage universel ».
Le congrès, à l'unanimité, s'était prononcé pour la grève
générale « comme dernier *moyen de protestation légale* ».
Quelle manifestation pouvait être plus grandiose que
cet arrêt général du travail? D'autant plus grandiose
qu'elle commencerait et se continuerait dans la légalité.
Les producteurs s'arrêteront de produire en attendant
qu'on les fasse participer à la vie politique de leur pays.
Les ouvriers belges diront à leurs gouvernants : « Tant
» qu'on ne nous aura pas donné le droit de vote, le
» travail national cessera : plus une tonne de charbon
» ne sera extraite des mines belges, plus un bloc de
» pierre ne sera détaché des carrières, les grandes
» usines métallurgiques, les hauts fourneaux, les lami-
» noirs, les ateliers de construction, les chantiers de la
» marine, les verreries, les poteries, les distilleries, les
» filatures et les tissages chômeront, les trains ne rou-
» leront plus et les journaux ne paraîtront pas ».

Ne croirait-on pas relire cette autre description enfan-
tine de la grève générale parue en 1873 dans la *Solidarité révolutionnaire* de Barcelone?

Quel pouvait être le sort d'une telle grève? Cette
grève générale était vraiment la généralisation des
grèves partielles, en ce sens que, comme elles, elle ne
devait pas se terminer par l'expropriation de la classe

bourgeoise. Mais sa durée pouvait être longue. Aussi déclara-t-on qu'il fallait « l'organiser ». On préconisa des caisses de résistance afin de soutenir cette grève immense ; la création de grands magasins d'approvisionnement pour nourrir la masse énorme des chômeurs. Anseele disait : « C'est avec des pommes de » terre et du pain que nous bombarderons la bour- » geoisie ». — « Oui ! disait un autre manifeste du Parti » ouvrier, partout nous organiserons des sociétés coopé- » ratives dont les bénéfices accumulés nous permettront, . » travailleurs de Belgique, de cesser le travail le même » jour dans tout le pays. Ce moyen suprême et *qui* » *figure dans nos lois,* qu'on le sache, sera employé » (1).

Le 15 août eut lieu, à Bruxelles, une grande manifestation en faveur du suffrage universel à laquelle prirent part 30.000 personnes (2).

Le mouvement continuait, mais l'année 1887 allait voir naître un conflit entre le Parti ouvrier et les Wallons. Certains excès avaient eu lieu, en 1886, à Liége et à Charleroi. Ils allaient se reproduire avec encore plus de violence. Le Gouvernement avait réussi à maintenir l'ordre. La demande d'une revision de la constitution se heurtait à l'opposition des catholiques et des libéraux. Que pouvait contre cette hostilité l'organisation des manifestations pacifiques ? Leur échec semblait donner

---

(1) *Revue socialiste,* 1886, p. 759.

(2) Louis Bertrand, *op. cit.,* p. 435.

raison aux révolutionnaires qui prônèrent bientôt la
grève générale *violente*. Il fallait agir de suite, ne pas
se consacrer à une préparation énervante en songeant à
créer des magasins d'approvisionnement ou à mettre
de l'argent en réserve. Tout en maintenant à la grève
son but réformiste, il fallait lui donner une *forme violente;* il fallait surprendre le gouvernement par la
promptitude et effrayer la bourgeoisie qui ne pourrait
que capituler devant cet immense soulèvement du peuple belge.

L'homme qui, à cette époque, se fit le champion de
.cette idée fut Alfred Defuisseaux, l'auteur du *Caté-
chisme du Peuple.* Il était, à cause même de ses idées
révolutionnaires, sympathique aux ouvriers houilleurs
du Hainaut et de la province de Liége. Les ouvriers
wallons, de race latine, accueillirent avec joie cette
idée d'une grève violente qui devait leur procurer une
satisfaction immédiate. Mais le Parti ouvrier ne parta-
geait pas cet enthousiasme. L'échec du mouvement de
l'année précédente lui avait montré que la réalisation
de l'idée était prématurée. Cette modération fut attaquée par les Wallons. Des querelles s'élevèrent entre
Defuisseaux et les membres du Conseil général. Defuisseaux fut exclu du P. O. B. Au congrès de Dampremy
(avril 1887), ses amis demandèrent sa réintégration qui
fut repoussée par 120 voix contre 68. Ils demandèrent
alors que la grève générale fut déclarée sur l'heure.
Mais la discussion n'aboutit pas et aucune résolution ne
fut prise.

L'idée de grève générale violente faisait malgré tout du chemin parmi les Wallons. Les membres du conseil général, sans le dire ouvertement, s'inquiétaient au fond de la puissance qu'elle avait acquise en si peu de temps. Les ouvriers, tout entiers adonnés à la grève, n'allaient-ils pas délaisser le parti politique, si péniblement constitué ? Leur succès aurait été dangereux pour l'avenir même du P. O. B.

La grève éclata le **13** mai dans les charbonnages de de Saint Vaast et de Braquegnies. Le **17** mai, dans le *Peuple,* Volders écrivait : « Le parti ouvrier a fait tout » ce qu'il a pu pour ouvrir les yeux aux mineurs. A l'heure » présente encore il leur crie : casse-cou ! ». Mais la grève s'étendait. Le **20** mai, le *Cri du Peuple* parlait de la « Guerre Sociale » en Belgique. « Demain sans doute, » disait-il, la grève sera générale dans tout le Borinage » et gagnera probablement aussi le bassin de Liége ».

L'armée intervint. Il y eut des collisions entre ouvriers et soldats, ce qui exaspéra les mineurs. Le P. O. B. faisait son possible pour enrayer la grève. Dans les réunions, ses adeptes faisaient ressortir les dangers du défaut d'organisation. Dans un meeting du bassin de Liége, quelques jours après le commencement de la grève, « le citoyen Thouars, de Huy, appuyait les idées » du Conseil général et montrait les dangers d'une » grève générale non organisée au préalable. Il invitait » les mineurs à se grouper fortement dans les syndicats » et dans les ligues ouvrières ». Son contradicteur, en prison à Mons, ne pouvait pas lui répondre. Mais, disait le correspondant du *Cri du Peuple*, « les événements » qui ont eu lieu ces jours derniers ont produit une » grande effervescence et l'idée de la grève générale » gagne du terrain ».

L'agitation fut surtout violente à la Louvière, où un meeting avait proclamé la grève générale à la suite d'une collision des ouvriers avec la troupe. « L'idée de » la grève générale, disait le *Cri du Peuple*, dont les » effets seraient terriblement puissants si elle devait » réussir, a..... trouvé en peu de temps de nombreux » partisans. Il est inexplicable que le Conseil général » n'ait pas été informé des progrès accomplis depuis le » congrès de Jolimont, dans cet ordre d'idées ». Les ouvriers s'armaient de revolvers et contraignaient leurs compagnons à cesser le travail. C'était vraiment une grève révolutionnaire. Dans beaucoup d'endroits se produisaient des explosions de dynamite. La grève s'étendait toujours. Elle gagna le bassin de Charleroi. Seul le bassin de Liége restait calme encore. La grève générale fut votée dans des meetings à Cuesme, à Engies. Partout, sur toutes les portes, on lisait : Grève générale, écrit à la craie. Le 26 mai, le *Cri du Peuple* consacrait un article à la grève générale en Belgique. Il disait la cessation complète du travail dans le Borinage. « Dans le bassin de Liége, ajoutait-il, tous ceux » qui travaillent encore, sont presque tous gagnés par » l'idée de la grève générale ». Le 27 mai, parut dans les journaux, la proclamation de Defuisseaux.

» Compagnons !

» L'heure de la délivrance a enfin sonné !

» La grève noire s'étend d'un bout de la Belgique à l'autre. Aujourd'hui nous adressons la dernière sommation au Gouvernement et nous lui disons :

» Si dans huit jours vous n'avez pas dissous les Chambres. Si dans huit jours vous n'avez pas convoqué le peuple dans ses comices afin qu'il puisse nommer ses délégués à la Constituante. Eh bien ! si dans huit jours vous n'avez pas fait cela, dans huit jours, le lundi de la Pentecôte, de tous les coins de la Belgique, le peuple marchera en masse sur Bruxelles ».

Le Parti ouvrier devait être fort embarrassé. Quelle attitude allait-il prendre, en définitive, en face de ce mouvement révolutionnaire? Le *Cri* écrivait : « Pour ne » pas s'avouer vaincus, les membres composant la majo- » rité du Conseil général ont fait voter hier une propo- » sition laissant à chaque corporation le soin d'apprécier » si elle doit ou non prendre part à la grève générale ». Le Conseil général gardait une attitude de neutralité, de neutralité bienveillante, selon lui ! Mais, il ne se faisait pas faute de critiquer cette grève conçue et exécutée sans plans définis. Il n'abandonnait nullement sa théorie de la grève légale, arme politique à laquelle on ne devait recourir que dans les moments graves, en l'absence de tout autre moyen d'action, que l'on devait soigneusement préparer et organiser, et non pas décréter à la légère. Dans un meeting tenu à la fin

de mai au « Vooruit » de Bruxelles, on prit les résolutions suivantes : « Toutes les Sociétés ouvrières expri-
» ment leurs sympathies pour la lutte entreprise *par les*
» *Wallons* et pour le but qu'ils poursuivent, mais esti-
» ment qu'elle *a été commencée sans organisation, sans*
» *plan,* sans unité, sans idée d'ensemble pour tout le
» pays ».

« Elles déclarent que le moyen de forcer par la grève
» générale ceux qui possèdent, à satisfaire aux vœux du
» peuple est excellent quand la grève est vraiment
» générale. C'est pourquoi elles s'engagent à faire dès
» aujourd'hui une propagande dans ce sens dans les
» deux Flandres ».

La grève était terminée quelques jours après, le
3 juin. Elle n'avait eu aucun résultat. Mais l'idée était
trop profondément ancrée dans les masses Wallonnes
pour que le Parti ouvrier pût songer à rayer la grève
générale de son programme. Aussi n'y pensa-t-il même
pas. Il se contenta de vouloir garder à la grève générale son caractère légal, son caractère de chômage
pacifique. Le congrès extraordinaire du P. O. B. appro-
chait, dans lequel on allait finalement se prononcer sur
cette question brûlante. Il eut lieu à Mons au mois
d'août 1887. Dès le début du congrès, les partisans de
Defuisseaux se retirèrent. La discussion sur la grève
générale fut très vive. Deux projets de résolution (1)

(1) Bertrand, *op. cit.,* p. 461.

étaient en présence qui différaient non pas sur le but de la grève générale qui pour tout le monde était réformiste (l'obtention du suffrage universel), mais sur le caractère de la grève. Le premier projet disait que la grève générale serait sans effet tant qu'on resterait sur le terrain légal. Elle devait revêtir une forme révolutionnaire et alors elle serait peut-être capable d'engendrer bien plus qu'une réforme politique, d'engendrer une transformation sociale.

Mais par 59 voix contre 34 et 24 abstentions, le congrès adopta le second projet présenté par Anseele et Bertrand :

« Le congrès..... considérant que la grève générale est un puissant moyen pour forcer le Gouvernement à accorder aux ouvriers le suffrage universel et les réformes économiques que tous ont intérêt au même degré à voir proclamer;

Mais, considérant qu'une telle entreprise ne peut réussir qu'à la condition d'être sérieusement organisée.

Décide : Que le Parti ouvrier fera la propagande nécessaire parmi les travailleurs pour faire éclater la grève générale le plus tôt possible; charge le Conseil général de publier, dans les trois mois, une brochure dans laquelle la nécessité de la grève générale sera démontrée et qui exposera les griefs des ouvriers ».

Mais une autre propagande était faite par Defuisseaux et celle-là était toute révolutionnaire. Georges Defuisseaux (neveu d'Alfred), combattait le Parti ouvrier et

poussait à une nouvelle grève générale. Dès le début de
1888, le congrès de Châtelet, près de la Louvière,
décida dans une de ses séances que la grève noire
serait déclarée prochainement; *qu'elle éclaterait en une
seule* nuit dans tous les bassins *et qu'un coup terrible
serait frappé,* l'heure en devait être fixée par le Comité
central. Ce n'était plus la grève générale, c'était seulement la grève des mineurs, grève qui revêtait un caractère secret, qui devait surprendre dans son sommeil la
société bourgeoise, et que l'on considérait comme le *prélude possible de tout un bouleversement social.* La Louvière
était toujours le plus ardent des foyers révolutionnaires.
En août, un congrès y était organisé par Defuisseaux.
Il décida de publier un manifeste par lequel on invite-
rait les ouvriers à faire une grève générale et à organiser une grande manifestation en septembre dans le
Borinage. A la fin de la séance, on fit une collecte dont
le produit était remis à un militaire avec mission de
faire de la propagande dans l'armée en faveur des idées
socialistes (1). L'armée était en effet le grand obstacle.
Il fallait la gagner à la cause de la grève noire. Tout
dans cette agitation de 1888 revêtait un caractère fantastique. On parlait de la grève générale avec mystère.
Les ordres du jour étaient gardés secrets. On tenait
partout des « meetings noirs » c'est-à-dire, dit L. Ber-
» trand, des « réunions tenues le soir, sans lumière, et

---

(1) *Revue socialiste,* 1888, 2, p. 328.

» où certains orateurs parlaient dans un tonneau vide,
» pour faire plus d'impression et rendre méconnais-
» sable le son de leur voix » (1).

La grève noire éclata le 1er décembre. Elle dura peu
de temps et n'eut aucun succès (2).

2º *Les influences directes : la grève générale à la Bourse du Travail*
de Paris.

Telle est l'histoire de ces années mouvementées,
années qui furent aussi, en France, des moments de
renaissance du socialisme révolutionnaire. En 1886,
avait été fondée la Fédération des syndicats. Elle eut,
dès le premier jour, des tendances révolutionnaires.
Cependant, on ne trouve en France rien de comparable
aux grands soulèvements de Belgique. L'année 1886
n'a guère vu qu'une grève violente, celle de Decazeville,
provoquée par le « truck system » ; un sous-directeur
d'usine y fut assassiné. A aucun moment, on ne posa la
question de la généralisation de la grève, comme on la

(1) Louis Bertrand, *op. cit.*, p. 465.
(2) Ce n'est qu'en 1893 que la Constitution belge fut révisée. Et
encore adopta-t-on le vote plural. La grève générale avait cependant remporté une victoire et, en 1902, le P. O. B. la préconisait
encore, toujours dans les mêmes termes : « Aux sanglantes et
» odieuses brutalités des policiers et des gendarmes, que la
» classe ouvrière réponde en recourant, dans le calme de sa
» force, à la seule arme légale qui lui reste : la grève générale ! »
Cf. aussi H. Lagardelle, *La Grève générale et le Socialisme,* p. 163 à
179.

posa plus tard, en **1888**, lors d'une grève des mineurs de la Loire. Dans les meetings auxquels prirent part Vaillant, Louise Michel, on ne chercha nullement à profiter de la surexcitation des esprits pour provoquer une grève générale. Le mouvement syndical était pour cela encore un peu faible. Decazeville n'était pas un centre d'agitation comparable à La Louvière. « Faire » de Decazeville, en plein Aveyron, un centre socialiste, » c'est parler de choses qu'on ignore. Sur 3.300 ou- » vriers, il y en a bien une douzaine qui s'occupent des » questions sociales; la plupart ne savent pas lire et le » travail assidu auquel ils se livrent ne leur laisse pas » assez de liberté d'esprit pour penser » (1).

Les journaux français parlaient pourtant avec enthou- siasme des grèves de Belgique et l'on devait préconiser sous peu la grève générale en France. Elle allait seule- ment y perdre son but réformiste et l'on devait y voir le moyen d'instaurer la cité socialiste.

C'est à Paris, dans le milieu ouvrier français le plus cultivé, le plus attentif au développement du socialisme à l'étranger, que la grève générale allait apparaître. Il y avait eu, à Paris, une conférence internationale ouvrière en 1886. Les délégués de la Belgique étaient précisément Anseele, Bertrand et Defuisseaux. Ces hommes jouaient un grand rôle dans leur pays et l'on pourrait croire que la grève générale, objet de tant de

---

(1) *Revue socialiste*, 1886, 1, p. 153.

luttes, allait être vivement discutée. Il n'en fut rien :
« L'ordre du jour de la conférence ne pouvait pas prê-
» ter aux questions irritantes » (B. Malon). En 1887, le
socialisme révolutionnaire devient un peu plus intense.
Le 5 janvier 1887, le correspondant du *Cri du Peuple*
(dans une des nombreuses « Lettres de Belgique » que
publiait ce journal) écrivait que le socialisme « s'était
montré tout-puissant » en Belgique en 1886 et concluait
en faveur des « remèdes violents ». Au mois de février,
on inaugurait la Bourse du Travail de Paris, 33, rue
J.-J.-Rousseau. Ce fut l'occasion d'une petite fête où
était représenté le Conseil municipal. On avait fait venir
Albert Lambert et d'autres artistes. Il y eut quelques
discours. Sans doute ne prévoyait-on pas que, l'année
suivante, la Bourse retentirait de paroles d'emporte-
ment, souhaitant la disparition de la société bourgeoise.

Dans les premiers temps de sa fondation, la Bourse
du Travail fut uniquement préoccupée de son organisation : de longues séances étaient consacrées à l'élabora-
tion des statuts et à la question des placements. La
grève générale fut tout d'abord agitée en dehors de la
Bourse. J'en relève la première trace dans un meeting
organisé par les Chambres syndicales du Bâtiment. Ce
meeting eut lieu en novembre 1887, par suite, après la
grande grève belge de mai. Les ouvriers qui y prirent
part et qui défendirent la grève générale étaient, pour
la plupart, anarchistes. Ils se réunirent dans la « salle
Rivoli ». La grève générale était présentée comme un

remède aux maux du parlementarisme et peut-être l'influence des événements de Belgique n'était-elle pas
étrangère à cette manière de voir. Il y avait eu, en effet,
en 1887, une lutte très vive entre les Wallons et le
P. O. B. Accepter la grève générale dans son programme, c'était pour le P. O. B. faire l'aveu de l'insuffisance de l'action politique. La grève générale seule
pouvait suffire. Elle serait le remède aux échecs répétés
du parlementarisme, remède dont on ne pouvait connaître l'exacte portée, mais dont les effets seraient sans
doute terribles. Déjà, en 1888. devait poindre chez les
Wallons, d'une façon encore un peu vague, l'idée de
grève générale expropriatrice et violente (1). Ils devaient,
à leur tour, considérer la grève générale comme capable de conduire les travailleurs à leur complet affranchissement. Peut-être est ce là un résultat de l'échange
des idées qui se faisait entre la Belgique et la France.

C'est, en effet, sous ce jour de grève générale violente et expropriatrice que l'idée devait être accueillie
en France en 1887. Grève violente : et l'on ne peut s'en
étonner si l'on songe qu'elle est préconisée par des
anarchistes farouches, passionnés de détruire; grève
expropriatrice : car ces hommes n'attendaient rien des
Chambres, l'abstention politique était une de leurs idées
les plus chères; les Français possédaient d'ailleurs le
suffrage universel et les travailleurs étaient revenus des

---

(1) Cf. *supra*, p. 81.

illusions qu'avait fait naître cette promesse de participation à la vie politique du pays ; il y avait plus à faire
qu'à obtenir des réformes partielles, il fallait tuer la
bourgeoisie et ces anarchistes devaient accueillir alors
la grève générale comme le moyen le plus sûr de
renverser la société capitaliste et l'État, son défenseur.

A la salle Rivoli, le citoyen Raymond fit le procès du
parlementarisme. « Assez de parlementaires et de par-
» lementarisme, dit-il, les ouvriers n'ont qu'à compter
» sur leurs seuls efforts pour arriver à quelque chose ».
Un autre orateur défendit la grève générale. Le compagnon Tortelier prit aussi la parole : « Si les travail-
» leurs refusent de produire pour d'autres, la bour-
» geoisie est morte ». La grève générale fut acclamée
et l'on se donna rendez-vous pour un prochain meeting.

La grève générale est donc préconisée dès la fin de
1887 à Paris par les anarchistes. Ceux qui la défendent :
Tortelier, Devertus, Louise Michel... ont tous l'esprit
révolutionnaire. Tortelier prend part à des meetings
contre la guerre, à des meetings organisés par les
blanquistes, à des meetings en faveur des grévistes
des Ardennes, etc. Partout où se rendent les orateurs
anarchistes ils donnent au congrès une teinte révolutionnaire et violente. C'est ainsi que dans un meeting
de novembre, à la salle Favié, un orateur disait : « S'il
» le faut, nous descendrons dans la rue ». La grève
générale n'a pas eu à cette époque (ni à aucune autre
d'ailleurs) de théoricien marquant. Il est difficile d'en

suivre exactement et partout les traces. Abandonnée par instants, elle renaît ensuite spontanément sous des influences de milieu. Les habitués des réunions anarchistes : Tortelier, Devertus, Laval, Louvet, Espagnac, se retrouvaient à la Bourse du Travail. Ils devaient présenter la grève générale à leurs compagnons de travail comme un moyen de destruction sociale. Ainsi la pénétration se fit peu à peu. La renaissance de l'idée de grève générale fut l'œuvre de tous les ouvriers révolutionnaires.

Dans le deuxième congrès de la Fédération des syndicats qui s'était tenu à Montluçon au mois d'octobre, on s'était occupé de la Fédération et de la réduction de la journée de travail. Le drapeau rouge avait été arboré. Dans un rapport du citoyen Giraud, on trouve une allusion à la révolution sociale : « Nous demandons, disait-il, l'abrogation de la loi sur l'Internationale des Tra-
» vailleurs, seul moyen nous permettant de nous voir
» et de nous entendre pour éviter cette boucherie qui
» nous attend tous les jours (et non cette concurrence
» que l'on nous jette à la face), et donner aux travail-
» leurs le temps nécessaire à étudier et à se préparer à
» ce grand jour qui nous débarrassera de toutes ces
» crises ».

La Bourse du Travail de Paris se développait. Des réunions nombreuses étaient tenues par les ouvriers. Ils échangeaient là leurs idées et cherchaient à lutter contre le patronat. Dans une réunion du **28 juillet 1888**, il est (pour la première fois je crois à la Bourse du Travail) question de la grève générale. Quelques orateurs parlèrent en sa faveur. Le premier, le compagnon Espagnac s'efforça, comme tous les orateurs qui allaient le suivre, de démontrer l'inutilité d'une grève qui n'amènerait pas la suspension entière des travaux.

« La grève générale, s'écria-t-il, peut seule amener à
» capituler les patrons. Sinon, vous obtiendrez satisfac-
» tion aujourd'hui ou demain et, dans trois mois, chas-
» sés des chantiers, la misère viendra vous tenailler les
» entrailles ». Après lui, le compagnon Tortelier arriva en costume de travail et parla aussi en faveur de la grève générale. Puis, dit le *Cri du Peuple,* les orateurs ordinaires des réunions anarchistes : Louvet, Tennevin, Laval, etc...

Trois jours plus tard, le 31 juillet, éclatait une grève des terrassiers de la Seine (1). Tortelier tint des discours violents, le citoyen Boulé prenait une part active à la grève. Le compagnon Espagnac prêchait l'union des corporations. Laval commentait la fermeture de la Bourse du Travail. La grève durait toujours et les terrassiers n'obtenaient pas satisfaction. Aussi l'on s'occupa bientôt d'organiser la grève générale. Le 15 août eut lieu un grand meeting dans lequel on devait décréter la cessation du travail à Paris. Tortelier défendait

_____

(1) V. le *Cri du Peuple* et l'*Illustration,* nᵒˢ du 11 août et du 25 août 1888.

toujours avec ardeur la grève générale. Un nouveau meeting était annoncé pour le lendemain en ces termes :

« Aujourd'hui, à deux heures, grand meeting corpo-
» ratif à la salle du Concert des Percherons, avenue de
» Saint-Ouen, 55.

    » Ordre du jour : *La Grève Générale* ».

La séance ne présenta pas d'ailleurs beaucoup d'intérêt. Tous les orateurs s'entendaient sur le principe de la grève, mais non sur l'opportunité qu'il y avait à la mettre en pratique. Le samedi, 18 août, se réunissait la Chambre syndicale des ouvriers maçons du département de la Seine. L'ordre du jour était ainsi conçu : « Conditions du travail. Discussion sur la grève géné-
» rale des Corporations du Bâtiment ».

La grève prenait fin le 19 août. La défaite était complète, mais elle était mal avouée par les militants ouvriers. « La grève n'est pas vaincue....., disaient-ils, » il y a un simple changement de tactique ». Dans une réunion à la salle des Percherons, Louise Michel s'écriait : « Cette défaite est une victoire, car cette grève » a assuré l'organisation des terrassiers et a augmenté » la phalange révolutionnaire ».

Les militants restaient toujours fidèles à leur idée de grève générale. On n'avait pas réussi à provoquer une grève générale des corporations du bâtiment, voilà pourquoi les ouvriers n'avaient pas obtenu satisfaction. La défaite avait été celle d'une grève partielle. Si la grève avait été « généralisée », son succès eût été fort probable. La grève généralisée n'avait sans doute qu'un but réformiste : elle était dirigée contre les patrons d'une corporation. Mais, en la pratiquant, les ouvriers de 1888 ne renonçaient cependant pas à la destruction de la société. Tout en ayant comme but immédiat l'obtention de réformes, ils avaient la Révolution comme but lointain. Une grève généralisée pouvait être suivie d'une véritable grève générale, grève de tous les métiers, grève sinon universelle, du moins tellement forte. qu'elle entraînerait par répercussions successives la chute de la société capitaliste. Dans une réunion, salle du Globe, le 21 août, Tortelier et Laval parlaient encore en faveur de la grève générale, « la grève générale, disait Laval, qui, *seule, peut amener la révolution* ».

Aussi, quand éclata, le 2 octobre, une grève des mineurs de la Loire, on songea à organiser la grève générale. Le « citoyen Basly » fut chargé d'étendre la grève, mais il déclina l'offre. Il trouvait sans doute la tâche trop lourde. Sur 15.000 mineurs, il n'y avait que 800 grévistes. 800, fussent-ils tous « conscients », sur 15.000, le chiffre était, en effet, un peu faible.

B. Le congrès de Bordeaux et la lutte des partis politiques contre l'idée nouvelle.

A la fin de ce même mois d'octobre 1888, s'ouvrait à Bordeaux, salle Saint-Paul, le troisième congrès national des syndicats ouvriers. Il fut violent, et ses violen-

ces s'expliquent par son histoire. Le congrès de Montluçon avait pu avoir lieu grâce au reliquat de caisse du
congrès de Lyon de 1886. Mais en 1888 on avait vainement sollicité des subventions des pouvoirs publics. On
s'était partout heurté à des refus formels. Aussi, les
délégués du congrès étaient-ils quelque peu exaspérés.
Dans le rapport de la commission d'organisation,
M. Lockroy était traité de « jésuite » et les membres
du Conseil municipal de Bordeaux de « croque-morts ».

Le président du congrès était M. Boulé, délégué de
Paris. Il venait de jouer un rôle actif dans la grève des
terrassiers de la Seine, du mois de juillet, et avait été
en rapport avec les anarchistes de la Bourse du Travail.
Il adressa une allocution à l'assemblée et proposa
d'arborer le drapeau rouge. Deux drapeaux flottèrent
de chaque côté de la tribune. Sur l'un était écrit en
lettres blanches « Emancipation des travailleurs par
» les travailleurs eux-mêmes » ; sur l'autre : « Fédération nationale des syndicats de France » (1). La première devise, qui avait été celle de l'Internationale,
figurait dans la circulaire du congrès où l'on affirmait
également que le travail n'avait pas de patrie. L'esprit
qui animait le congrès était donc bien un esprit révolutionnaire.

La police intervint, et somma les congressistes de
retirer leurs drapeaux rouges. Après une bagarre, la

---

(1) L. de Seilhac, *Les congrès ouvriers français*, p. 213.

réunion fut dissoute. Le maire du Bouscat offrit alors aux congressistes la salle de la Mairie. Mais le congrès, après une première séance, se réunit dans la salle du Casino.

La troisième question de l'ordre du jour avait trait aux « grèves ». A propos du machinisme, le congrès engagea « les travailleurs à se séparer nettement des » politiciens qui les trompent, à organiser solidement » leurs chambres syndicales, qui dans un avenir très » prochain constitueront seules la grande armée des » revendications sociales, qui nous rendra ce qui nous » appartient réellement, le sol, le sous-sol, et les ins- » truments de travail et de production ».

Abandonnant l'action politique, le congrès devait accueillir la grève générale comme *le moyen d'opérer la Révolution*. M. Boulé dirigea les débats. Il dit que la grève partielle ne devait être considérée que comme « une escarmouche destinée à habituer les ouvriers à la grève générale qui, seule, pouvait donner satisfaction aux travailleurs ». Rainaud (de Paris), combattit lui aussi la grève partielle et préconisa la grève générale. Jourde (de Bordeaux) présenta contre elle peu d'objections. Il dit simplement que la question de son organisation était très grave, que si elle s'accomplissait ce serait la révolution, mais que les travailleurs n'étaient pas encore assez forts. Rainaud vint réfuter ces arguments.

Finalement, le congrès adopta une résolution en

faveur de la grève générale : « Le congrès, considé-
» rant... *Que le capital n'est rien s'il n'est mis en mou-*
» *vement par le travail ;*

   » Qu'alors, *en refusant le travail,* les ouvriers anéan-
» tiraient d'un seul coup la puissance de leurs maîtres ;

   » Considérant que la grève partielle ne peut être
» qu'un moyen d'agitation et d'organisation ;

   » Le congrès déclare : Que seule la grève générale,
» c'est-à-dire, la cessation complète de tout travail, ou
» la Révolution, peut entraîner les travailleurs vers leur
» émancipation ».

La grève générale était donc adoptée comme arme
par la Fédération des syndicats.

Le principe venait, pour la première fois depuis l'Internationale, d'être affirmé par un congrès ouvrier. La
résolution du Congrès du Bouscat pouvait cependant
prêter à des discussions. Elle reflète bien l'incertitude
qui devait régner longtemps encore sur les conceptions
de la grève générale. Elle affirmait bien l'identité de la
grève générale et de la révolution, mais elle ne disait
pas si cette révolution serait pacifique ou violente. Il
semble que ses termes font allusion à une grève générale pacifique. L'influence de la Belgique qui ne pouvait
se faire sentir *sur le but* de la grève (puisque l'on possédait en France le suffrage universel) marquait au contraire *sa forme.* Les expressions : « cessation de tout
travail » « refus de travail qui entraînera » la capitulation des patrons, sont celles des manifestes du Parti

ouvrier belge. Elles sont en contradiction avec l'origine immédiate de la grève générale au congrès de Bordeaux, car elle fut importée de Paris et d'un milieu anarchiste. Dans les congrès qui vont suivre, l'analogie entre les conceptions française et belge est encore plus frappante. A Marseille, on parle de la grève *légale*. C'est l'exemple de la Belgique que M. Briand cite à Nantes, en 1894, pour faire voter la grève générale. Il fallait attendre un plus grand développement de la Fédération des syndicats, il fallait surtout attendre une plus grande infiltration des anarchistes dans le syndicalisme naissant pour voir renaître la grève générale bakouniste, la grève générale *violente,* et voir délaisser la grève générale pacifique et légale comme une vieillerie ridicule.

La décision du congrès de Bordeaux allait passer presque inaperçue. L'agitation boulangiste avait rempli les mois qui venaient de s'écouler, et l'on tremblait encore devant le spectre de la dictature. La *Revue socialiste* publiait sans aucun commentaire les résolutions du congrès du Bouscat ; le *Cri du Peuple,* après avoir relaté les incidents du **31** octobre, rendait compte en quelques lignes de la séance du **6** novembre, consacrée à la grève générale.

La résolution du congrès de Bordeaux allait pourtant avoir des répercussions imprévues. La Fédération des syndicats était restée dans la dépendance étroite du parti guesdiste. Or voici qu'en même temps qu'elle proposait aux travailleurs la grève générale comme l'unique moyen d'arriver à leur émancipation, elle leur conseillait aussi de se séparer des politiciens.

En 1890, le parti guesdiste tint son huitième congrès national. Le précédent remontait à 1884. Il *précédait* cette fois de quelques jours le congrès national des syndicats. Allait-il rejeter la grève générale et condamner complètement la décision du congrès de Bordeaux? Allait-il, au contraire, l'adopter? L'adopter, c'était reconnaître sa puissance, c'était aider à l'abandon de l'action politique par les syndicats. Le parti guesdiste crut plus habile de s'arrêter à mi-chemin. Il condamna la grève générale, mais accepta l'idée d'une grève internationale des mineurs.

Voici quelle était la résolution du congrès de *Lille :* « La grève générale proprement dite, c'est-à-dire le » refus concerté et simultané du travail par la totalité » des travailleurs des diverses corporations, suppose et » exige, pour aboutir, un état d'esprit socialiste et » d'organisation ouvrière auquel n'est pas arrivé le » prolétariat; sans quoi, si seulement la moitié de la » classe ouvrière était, dès aujourd'hui, capable d'une » action commune, la Révolution pourrait et devrait » s'accomplir. La seule grève qui, dans ces conditions, » n'est pas illusoire et prématurée, est celle *des mineurs* » *de tous les pays* ». Et le congrès décidait d'appuyer la grève internationale des mineurs au cas où elle viendrait à être votée.

Un jour après la clôture du congrès de Lille, s'ou-

vrait à *Calais* le quatrième congrès national des syndicats ouvriers. Il était composé en grande majorité des
mêmes éléments que le congrès de Lille. On ne parla
point de cette grève de tous les métiers, de ce refus de
travail, de ce grand soulèvement pacifique que le congrès guesdiste venait de déclarer « illusoire et préma-
turé ». Le congrès politique venait de tracer au congrès
syndical sa ligne de conduite.

Il y fut également question de la grève générale des
mineurs de tous les pays. Mais beaucoup de délégués
étaient partisans de la grève générale. On y présenta
donc la grève générale des mineurs comme susceptible
à elle seule d'arrêter la vie sociale, comme *la préface
possible de la véritable grève générale,* qui, elle, amènerait la révolution. C'était faire un pas de plus que le
congrès de Lille. Le délégué de Paris, M. Roussel,
montra la révolution devenant un jour le triomphe de
la paix et la *possibilité de la grève générale par la grève
de la mine* qui suspendrait le mouvement social :
« L'entente des mineurs des deux mondes, socialisant
» les moyens de production, arrêtant les trains, étei-
» gnant les moteurs, faisant capituler le capital ».

Le congrès ne croyait pas cette grève internationale
prématurée, car il vota la résolution suivante : « La
» grève générale des mineurs est décidée en principe et
» sera tentée dès que les circonstances le permettront ».
En mai 1890, un congrès international des mineurs
avait eu lieu à Jolimont, en Belgique, et le « principe

de la grève générale » avait été adopté sur la proposition de Keir Hardie « pour assurer le triomphe de la
journée de huit heures ». Ce n'était plus, comme à Jolimont, pour une grève réformiste que se prononçait le
congrès de Calais. Il comptait sur la grève des mineurs
pour « socialiser les moyens de production ». On
annonça aux délégués que « M. Pickaart, membre du
» Parlement anglais, avait fait expédier... en France,
» en Belgique, en Allemagne, une circulaire ayant pour
» objet de provoquer l'ouverture à Paris, pour le 31 mars
» 1891, d'un congrès dont la mission serait précisément
» de pousser à la grève internationale des mineurs ».

Le président Roussel donna ensuite lecture du « questionnaire lyonnais » auquel avaient répondu 400 syndicats. J'extrais ces quelques demandes et réponses.

D. Avez vous soutenu des grèves ? Quels ont été les
résultats ?

R. Nous en avons tous soutenu. Faute d'argent pour
attendre, le résultat a été nul.

D. Que pensez-vous de *l'action directe* des travailleurs ?

R. Elle est utile et doit être basée sur l'union des
travailleurs.

D. Êtes-vous partisan de la grève générale ?

R. Oui, si elle est possible.

D. Sinon, pour quelles raisons la repoussez-vous et
quelle action proposez-vous à la place ?

R. Néant !

Saulière

Le parti guesdiste allait donc se heurter à un fort courant d'opinion favorable à la grève générale. Cette idée
allait sans cesse faire dans le monde ouvrier de nouveaux adeptes. N'ayant jamais été clairement définie,
toujours un peu entourée de vague et de mystère, elle
offrait à chacun les éléments de lutte qu'il méditait
d'employer contre le capitalisme. Les ouvriers conce-
vaient clairement que les résultats favorables d'une
grève partielle étaient leur œuvre; ils voyaient par
contre que les réformes accordées par le Parlement
n'étaient pas l'œuvre de la minorité des députés socialistes, mais bien celle d'une majorité qu'ils disaient
« bourgeoise » et qu'ils jugeaient par suite incapable
de faire quoi que ce fût dans leur intérêt. Rien de plus
simple pour eux que d'imaginer la généralisation de
leurs escarmouches de tous les jours et la révolution
sociale par la grève générale devait nécessairement leur
paraître moins utopique que la révolution sociale par
la révolution politique.

Et cette théorie du P. O., cette grève générale des
mineurs de tous les pays était-elle moins illusoire que
la grève générale nationale? Les événements allaient
prouver que l'entente internationale serait plutôt difficile à réaliser. Au congrès de Bruxelles (international)
de 1891, les Allemands se déclarèrent hostiles à toute
grève générale, et un délégué anglais disait qu'en
Angleterre on ne croyait pas à la possibilité de son
organisation. Quand on en vint à discuter l'attitude des

travailleurs de tous les pays, en cas de guerre, des amendements furent proposés au texte de la commission. L'amendement hollandais disait : « Le congrès » déclare que les socialistes de tous les pays répondront » à la proposition d'une guerre par un appel au peuple » pour proclamer la grève générale ».

La Hollande se rallia ensuite à l'amendement anglais et cet amendement ne fut accepté *que par la Hollande, l'Angleterre* et *la France*. Il était conçu en ces termes : « Le congrès recommande aux travailleurs des diffé- » rents pays d'opposer à la déclaration de guerre un » appel au peuple en faveur d'une grève générale, en » attendant que l'on obtienne le règlement des guerres » par un arbitrage international, et invite les membres » des Parlements à déposer des propositions réduisant » les budgets de la guerre ». La question fut encore agitée dans le congrès de Zurich (1893). Les Hollandais qui ont toujours été d'ardents défenseurs de la grève générale (1), proposèrent à nouveau « d'inviter le Parti » ouvrier international à se tenir prêt à répondre im- » médiatement à la déclaration d'une guerre de la part » des gouvernements par une grève générale, partout » où les ouvriers peuvent exercer une influence sur la » guerre, et, dans les pays en question, par une grève » militaire ». Cette proposition fut repoussée (2).

---

(1) Cf. chap. I *passim*.

(2) De Seilhac, *op. cit.*, p. 247 et suiv., et compte rendu du congrès.

La grève générale internationale, qu'elle eût un but
simplement politique ou un but économique, était
encore délaissée. Mais, en France, l'idée continuait à
faire du chemin, à mesure que le mouvement syndical
poursuivait sa marche ascendante. En 1886, il y avait
280 syndicats ; en 1888, l'année du congrès du Bouscat,
ils sont 725. En 1890, il y en a 1.006 ; 24 unions et
139.692 adhérents. En 1892, année du congrès de Marseille, le nombre des syndicats s'éleva à 1.589 (1). Plus
de 500 d'entre eux étaient représentés au congrès de
Marseille (Vᵉ congrès de la Fédération des syndicats)
qui s'ouvrit en septembre. Les délégués furent reçus à
la mairie par M. Flaissières.

La troisième question de l'ordre du jour avait trait à
la « grève générale de tous les métiers ». Elle fut très
discutée. M. Briand, délégué de la Bourse du Travail
de Saint-Nazaire, commença par donner lecture de son
rapport sur la question. En voici les principaux passages :

« Considérant... que la détestable organisation capi-
» taliste... a rendu impuissantes et vaines les tentatives
» amiables d'émancipation ; qu'après avoir fait aux
» pouvoirs publics de nombreux et inutiles appels pour
» obtenir le droit à l'existence et au bien-être.....

» Que *parmi les moyens légaux,* inconsciemment mis
» à la disposition des travailleurs, il en est un, qui

---

(1) Statistiques du ministère du Commerce.

» habilement et pratiquement interprété, doit assurer
» la transformation économique en faisant triompher
» les légitimes aspirations du prolétariat ;

   » Que *ce moyen est la suspension universelle simulta-*
» *née de la force productive* dans tous les métiers,
» laquelle même limitée à une période restreinte
» conduira infailliblement le parti ouvrier au triomphe
» des revendications formulées dans son programme.

   » Le congrès décide : 1° Le principe de la grève uni
 » verselle.

» . . . .

   » 3° Le 1er Mai doit être une date de consultation
» mondiale de tous les travailleurs, sans distinction de
» ceux qui sont syndiqués et de ceux qui ne le sont pas,
» sur le principe de la grève universelle ».

C'était donc la grève universelle légale, pacifique que
préconisait le rapport. Il la rangeait comme le P. O. B.
dans les « moyens légaux ». Ce refus général de
travail, « fût-il de courte durée », ne pouvait manquer
d'entraîner la transformation économique.

M. Briand avait fait voter le principe. Il demanda
qu'on laissât au prochain congrès international le soin
d'étudier la question. Un délégué, Soldini, avait présenté cet amendement « Le congrès... adopte en prin-
» cipe la grève universelle, et renvoie au congrès inter-
» national de Zurich l'étude des voies et des moyens
» qu'il y aura lieu de prendre en vue de *l'application* de
» la grève universelle ». On a déjà vu l'accueil que le

congrès de Zurich fit à la grève générale et à l'entente internationale.

Si la décision du congrès de Marseille rencontrait l'hostilité des pays étrangers, il n'en est pas moins vrai que le congrès fut une manifestation importante de la vie ouvrière. Il confirmait d'une façon éclatante les résolutions du congrès de Bordeaux. Devant cette confirmation, le parti ouvrier ne voulut pas s'incliner. Il n'osa pourtant pas renouveler avec plus de force encore la résolution de Lille ni condamner la grève générale sans rémission. Dans son congrès (1), qui se tint à Marseille, il trancha la question de la grève générale en votant l'ordre du jour pur et simple. Et encore l'ordre du jour ne fut-il adopté que par 44 voix contre 26 sur 128 présents (2)! La question de la grève générale divisait donc le Parti ouvrier lui-même. Ces essais d'équilibre sur la corde raide ne pouvaient guère se prolonger.

On va voir qu'un autre parti politique avait fait bon accueil à la grève générale, qu'une autre organisation ouvrière était née : la Fédération des Bourses, qui admit immédiatement la grève générale dans son programme d'action. Le Parti ouvrier devait prendre une attitude définitive : renoncer à sa puissance sur la

---

(1) Le 10e du P. O. F.

(2) L. Blum, *Les congrès ouvriers et socialistes français*, vol. II, p. 136, en note.

Fédération des syndicats, renoncer à être à la tête du mouvement syndical pour s'en tenir à son but politique de la conquête des pouvoirs publics ou adopter une attitude nettement favorable à la méthode de la grève. Le Parti ouvrier adopta la première attitude. La dislocation de la Fédération des syndicats, la constitution d'une Confédération générale du Travail, l'opposition chaque jour plus marquée de la grève générale à l'action politique par un parti ouvrier à tendances révolutionnaires, les essais de conciliation entre l'action politique et la grève générale, essais qui échouent définitivement au congrès d'Amiens, tels sont les événements qui s'ensuivirent et qui vont faire l'objet du chapitre suivant.

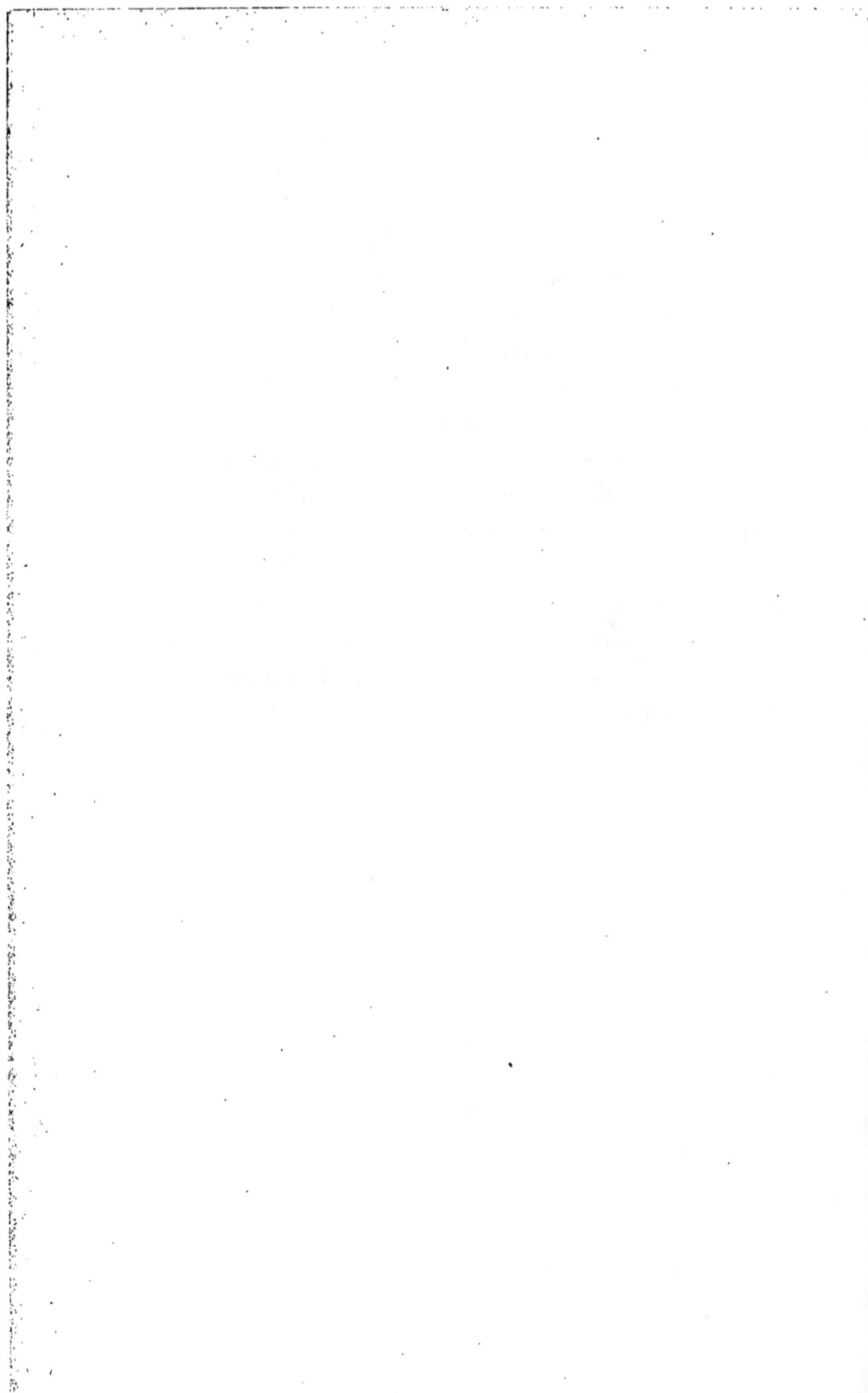

CHAPITRE III

La grève générale et le Parti du Travail.

———

§ I. *La Grève générale et la Fédération des Bourses.*

La Fédération des syndicats s'était donc nettement prononcée en faveur de la grève générale. Elle avait fièrement relevé la tête à Marseille et s'était éloignée du parti guesdiste au lieu de lui faire quelques concessions comme à Calais. Mais sa puissance était factice. Elle n'avait pas établi « entre chaque syndicat et la » direction fédérale un lien réel, des rapports suivis et » utiles » (1).

Une autre organisation ouvrière était née qui, elle aussi, avait affirmé dès le début sa complète indépendance vis-à-vis du gouvernement, et qui avait essayé d'accomplir la tâche délaissée par la Fédération des syndicats. On a vu que, le 3 février 1887, avait été inaugurée la Bourse du Travail de Paris. Quelque temps après, des pétitions étaient faites pour la création à Bordeaux d'une Bourse semblable. Les Bourses se développèrent. Au Bouscat, en 1888, l'ordre du jour du

———

(1) L. Blum, *op. cit.*, p. 133.

congrès de la Fédération des syndicats portait la question suivante : « Des Bourses du Travail et de leur fédération ». Dès le début de son existence, la Bourse du Travail de Paris était devenue un foyer de l'idée révolutionnaire. On y discutait la grève générale, sans négliger toutefois le côté pacifique des fonctions de la Bourse : les placements, etc. Les Bourses du Travail augmentèrent vite en nombre. Dès 1892, elles étaient 14.

La Bourse, c'est l'union des syndicats d'une même ville ou d'une même région, et souvent ces travailleurs de la même ville, bien qu'appartenant à des industries totalement différentes, ont plus d'intérêts communs que les travailleurs d'une même industrie disséminés dans tous le pays. Il y a des usages locaux contre lesquels luttent les travailleurs. Souvent les réformes qui ne sont pas consacrées par une intervention du pouvoir législatif, mais qui sont accordées librement par les patrons, ne se font pas par industrie dans toute l'étendue du territoire, mais par région pour toutes les industries de cette région. Les Bourses du Travail correspondaient donc bien à un besoin d'union des ouvriers d'une même ville pour la défense de leurs intérêts. Elles avaient vite compris leur rôle. « Elles avaient, en moins de six » années, accompli, chacune dans sa sphère, une tâche » dont la Fédération des syndicats n'avaient même pas » soupçonné l'importance et l'opportunité » (1).

---

(1) F. Pelloutier, *Histoire des Bourses du travail.*

La Fédération de ces Bourses eut lieu au congrès de
Saint-Étienne (1892). L'idée était venue de Paris. Elle
était défendue par les rivaux du parti ouvrier qui inspi-
rait la Fédération des syndicats. Un homme attacha son
nom à l'organisation des Bourses du Travail, ce fut
Fernand Pelloutier, d'opinions anarchistes, adepte de
la grève générale. Aussi, dès le début de leur fédération,
les Bourses accueillirent-elles la grève générale. Le
4 septembre 1892, le congrès régional de Tours votait,
sur l'initiative de Pelloutier, une résolution en faveur
de la grève générale (1). Mais, pendant la première
année, les Bourses végétèrent ayant peu de ressources.

Lorsqu'en juillet 1893 fut fermée la Bourse du Travail
de Paris, des protestations violentes s'élevèrent. Le
congrès de *Toulouse* eut alors encore plus d'éclat que les
précédents : vingt-deux Bourses y étaient représentées.
On y émit le vœu que « la Fédération nationale des
» Chambres syndicales et la Fédération des Bourses se
» fondissent en un seul et même organisme ». Un congrès mixte se réunit à *Paris* après la fermeture de la
Bourse du Travail. Après avoir protesté contre les
mesures prises par le ministère Dupuy, le congrès
accepta la grève générale après un rapport de A. Hamelin. Dans ce rapport, c'était la conception des Bourses
du Travail qui dominait, la conception de Pelloutier.

---

(1) Weill, *op. cit.,* p. 275. « ..... Parmi les moyens *pacifiques et*
légaux....., il en est un..... la grève générale ».

Celui-ci déclarait que la grève générale était une arme puissante *afin d'amener* la suppression de la propriété individuelle *et l'expropriation capitaliste*. Ce qu'il préconisait, c'était la grève pacifique, légale, la grève « des bras croisés », suivant une expression nouvelle. C'était une partie du programme belge. Mais il déclarait que la grève générale n'avait pas besoin, pour aboutir, d'être vraiment générale, qu'elle n'avait pas besoin d'atteindre toutes les industries. Avec l'organisation sociale actuelle, avec la concentration et l'intégration croissantes des usines, une grève de quelques industries serait vraiment une grève générale. Aussi définissait-il la grève générale « la suspension du travail du plus » grand nombre d'industries possible et surtout *des* » *industries essentielles à la vie sociale* ».

C'étaient ces idées que développait le rapporteur Hamelin au congrès mixte de Paris. Il suffit, pour faire une grève générale, « d'une corporation ou deux, » comme celle des mineurs ou des employés de chemin » de fer... Quinze jours d'arrêt dans ces deux corpora- » tions, ou même parmi les mineurs seulement, et toute » la vapeur s'arrête... ». Mais quelques doutes s'éle- vaient sur la simplicité d'une telle grève : « On nous » dit... il suffit de rester une semaine les bras croisés » et nos exploiteurs seront bien forcés de mourir de » faim, — mais on ne nous dit pas comment nous ferons » nous-mêmes pour manger. Il faudra donc que nous » nous emparions des boulangeries et des boucheries

» et que nous assurions la vie de tous ceux qui produi-
» sent » (1).

Si la Fédération des Syndicats et la Fédération des Bourses étaient d'accord sur la grève générale, le conflit de la Fédération des Syndicats avec le parti guesdiste allait s'envenimer davantage.

Tous les partis politiques ne manifestaient cependant pas, à cette époque, la même intransigeance vis-à-vis de l'idée nouvelle. Le Parti ouvrier socialiste révolutionnaire, constitué après la séparation de Brousse et d'Allemane au congrès de Châtellerault (1890), avait, dès le début de sa fondation, accepté la grève générale. Au congrès de Paris, en 1891, il décidait déjà : « Les » groupements une fois généralisés dans une entente » commune, la *grève générale nationale et internatio-* » *nale* doit être décrétée et pourra peut-être précipiter » le dénouement par la révolution sociale, but de nos » efforts ». Ceux qu'on appelait les « allemanistes » cherchaient donc à concilier l'action politique et l'action économique. Ils auraient voulu voir les ouvriers se servir également de ces deux armes. Dans son congrès de mai 1894, l'Union fédérative du Centre avait encore émis un vote en faveur de la grève générale, en même temps qu'elle faisait sienne la conception de Pelloutier : « La grève générale ne comprend que la suspension du

---

(1) Cité dans un article de E. Pouget; H. Lagardelle, *op. cit.,* p. 47.

« travail pour tous les *ouvriers de la mine* et des indus-
» tries qui en dépendent immédiatement, y compris *le*
» *transport* ».

Les guesdistes gardaient leur attitude hostile. Suivant
la décision du congrès mixte de Paris, un seul congrès
allait réunir à Nantes, en 1894, la Fédération des syndicats et la Fédération des Bourses. Les guesdistes ne
cachaient pas leur colère. Ils se heurtaient au mouvement syndical grandissant. On a vu qu'en 1890, le nombre des syndicats était de 1.006 avec 139.692 adhérents.
En 1894, ils sont 2.176 avec *403.440 adhérents*. Le
dernier congrès des Bourses, de Lyon, avait réuni
31 Bourses Le Parti ouvrier pensa pouvoir influencer
les membres du congrès corporatif en tenant son congrès quelques jours avant dans la même ville et en
renouvelant ses décisions sur la grève générale. Le
congrès s'ouvrit à *Nantes* le 15 septembre. La question
qui préoccupait tous les esprits était celle de la grève
générale. Elle vint en discussion à propos de la question de l'ordre du jour ainsi formulée : « Le socialisme
et les grèves ». Le Parti ouvrier ne s'arrêta plus, comme
à Lille, à une théorie intermédiaire. Il alla jusqu'au
bout de son idée. La résolution qu'il vota est d'une
précision très grande. Elle condamnait sans ambages
la grève générale et affirmait bien haut la seule valeur
de l'action politique.

« *Le socialisme ne pousse pas aux grèves*, il ne les
» provoque pas, parce que, là même où elles viennent

» à aboutir, elles laissent subsister pour les travailleurs
» leur condition de prolétaires et de salariés...

» Instrument inégal et partiel de défense dans la
» présente société, à plus forte raison *la grève ne sau-*
» *rait être — même généralisée — l'outil de l'affran-*
» *chissement ouvrier.* Préparer la grève générale, ce
» serait conduire le prolétariat dans une impasse, le
» diviser contre lui-même en grévistes et non grévistes ;
» ce serait... organiser nous-mêmes notre défaite.

» C'est sur le terrain politique que le prolétaire est
» l'égal du capitaliste, supérieur même au capitaliste,
» puisque les prolétaires sont le nombre (1).

» *Ce n'est que par l'action politique,* par la conquête
» du pouvoir politique que les travailleurs organisés
» pourront s'émanciper ».

La lutte était donc décidée entre l'action politique et
l'action économique. On va désormais suivre ses péri-
péties. Elle ne devait que s'envenimer tous les jours
davantage malgré les efforts de ceux qui tentaient de
réconcilier les syndicats avec la politique.

Le 17 septembre 1894 s'ouvrait à *Nantes le congrès
corporatif ;* 1.662 syndicats s'étaient fait représenter.
La discussion sur la grève générale eut une grande
ampleur. L'agitation faite autour de l'idée était telle
que certains voyaient sa réalisation très prochaine. *Le
Figaro,* le 22 septembre 1893, avait écrit : « Il se pour-

---

(1) Cpr. Introduction, p. 6.

» rait que les grèves du Nord fussent le point de départ
» de la grève générale ».

Le Comité de la grève générale disait au congrès dans
sa cinquième proposition : « *Dans le cas où la grève*
» *générale serait décrétée,* le Comité général prendra le
» titre de *Commission exécutive de la grève générale en*
» *France* ».

Étant donnée l'importance de la question, M. Briand
demanda que les orateurs, partisans ou adversaires de
la grève générale, parlassent alternativement pour ou
contre. M. Noël, secrétaire de la Bourse du Travail de
Bordeaux, vint apporter la critique : « Nous considé-
» rons, dit-il, la grève générale comme le fait le plus
» caractéristique qui fasse rire nos adversaires. En effet,
» comment diable, nous, qui ne savons soutenir une
» grève partielle, pourrions-nous avoir la prétention de
» faire la grève générale ».

Pelloutier vint soutenir la conception que l'on connaît déjà. Pour réaliser une grève générale il suffit de
la grève des corporations du bâtiment, des mines et des
chemins de fer. La grève générale fut très attaquée.
M. Briand vint apporter sa défense. Il cita l'exemple de
la Belgique où l'on avait obtenu des résultats avanta-
geux. « Je considère la grève générale comme une for-
» mule, un moyen puissant..... mais je ne vous en
» demande pas l'application immédiate. Qu'est-ce que
» cela vous fait de la voter dans ces conditions? En
» avez-vous peur? »

Le vote eut lieu. 65 voix se prononcèrent pour le principe de la grève générale contre 37 et 9 abstentions. La minorité guesdiste profita du premier incident pour se retirer. La plaidoirie de M. Lavigne n'avait pas détruit l'effet produit par celle de M. Briand. Le congrès de Nantes était une éclatante victoire de la grève générale et voyait enfin se produire cette scission entre syndiqués et politiciens, qui couvait depuis six ans. C'était en même temps une victoire de la Fédération des Bourses. La Fédération des Syndicats ne devait pas survivre à toutes ces luttes. Les divisions qui s'étaient produites dans son sein allaient entraîner sa mort.

L'année suivante, au congrès de *Nîmes*, Pelloutier se félicitait des progrès de la Fédération des Bourses, et rappelait la marche rapide de la grève générale : « Au » congrès de Lyon (1894) déjà, 24 Bourses contre 2 et » 5 abstentions s'étaient prononcées pour l'acceptation » en principe de la grève générale ; à Nantes, 20 Bourses » contre 3 votèrent la grève générale. Devant une » telle unanimité, le Comité fédéral ne peut pas s'abs- » tenir ».

On regardait cette grande grève comme une grève légale, qui se déroulerait dans le calme. Qu'elle fût celle des industries essentielles à la vie sociale ou celle de tous les métiers, elle devait être la grève des « bras croisés ». C'était là une des conceptions des trade unionistes anglais de 1833. C'était sous cette forme que la grève générale avait été envisagée dans l'Internationale au congrès de Bruxelles et qu'elle avait été agréée par le Parti ouvrier belge (1).

Après 1894, la C. G. T. allait affirmer timidement d'abord, puis avec décision, la nécessité pour la grève générale d'être expropriatrice et violente.

§ 11. *La grève générale et la Confédération générale du Travail (1895-1900).*

Après Nantes, la Fédération des syndicats tient un congrès à *Troyes* (1895). Le congrès réunissait seulement la minorité fidèle aux doctrines guesdistes : 300 syndicats y étaient représentés. Aussi le congrès se prononça-t-il contre la fusion entre la Fédération des Syndicats et la Fédération des Bourses. Il repoussa, à l'unanimité, la grève générale. Le *Réveil du Nord* annonça ce résultat de la façon suivante : « Rappelons que l'*idée* » *grotesque* de la grève générale qui n'avait obtenu » qu'une voix dans le congrès des Trade Unions de » Cardiff sur soixante délégués, n'a même pas recueilli » cette voix dans le congrès de Troyes, où tous les » centres industriels étaient représentés. Ce qui n'empê- » chera pas quelques fumistes de nous parler encore de » grève générale » (2).

C'était masquer une défaite par des paroles triom-

---

(1) Cf. *supra, passim.*

(2) De Seilhac, *op. cit.*, p, 279.

phantes. « L'idée grotesque » devait séduire le monde
ouvrier et la Fédération des Syndicats allait rentrer dans
la tombe. « Elle ne tint plus de congrès distincts, elle
» ne fut plus sous un titre particulier qu'une forme et
» un organe du parti guesdiste » (1).

Quelques jours après le congrès de Troyes, on voit
s'ouvrir à *Limoges* un congrès national corporatif qui,
lui, est nettement antiguesdiste. On y constitue entre
les syndicats une organisation unitaire qui prend le
titre de *Confédération générale du Travail,* et l'on invite
la Fédération des Bourses à en faire partie. D'après
l'article 1er des statuts, les éléments de la Confédération
devaient « se tenir *en dehors de toutes les écoles politiques* ». La septième question de l'ordre du jour portait :
« Compte rendu des travaux et renouvellement du
Comité d'organisation de la grève générale » (2). On
critique le Comité, et, à cette occasion, la grève générale. Keufer la combat. Il dit les travailleurs du Livre
hostiles à cette idée. Pour réaliser une telle grève,
les ouvriers ne sont pas assez organisés nationalement
et internationalement. Il ajoute qu'un congrès a tout
pouvoir pour défaire ce qu'a fait le congrès précédent
et que l'on peut revenir sur le principe de la grève
générale. Le citoyen Riom s'étonne que l'on discute la
grève générale étant donné qu'elle n'est pas à l'ordre

---

(1) L. Blum, *op. cit.,* p. 154.
(2) Ce Comité avait été créé au congrès mixte de Paris de 1893.

du jour et il propose simplement « que le congrès vote
» pour savoir si le Conseil national aura la grève géné-
» rale dans ses attributions ». Ce qui est adopté par
86 voix contre 30 et 28 abstentions.

Le deuxième congrès de la Confédération générale
du Travail se tint à *Tours*, du 14 au 19 septembre 1896.
Le Conseil national présenta son rapport. En même
temps qu'il restait attaché à la notion de légalité, il
considérait l'idée comme prématurée. « L'organisation
» du travail à cette heure, disait-il, n'est pas suffisam-
» ment préparée à la grève générale (que) nous consi-
» dérons comme le levier le plus sûr et *le plus légal*
» pour l'émancipation des travailleurs ».

La discussion allait forcer les syndicalistes à être plus
explicites sur la grève générale et à donner d'elle une
définition plus précise; et c'est alors qu'on allait s'aper-
cevoir du chemin que peuvent faire certaines idées, même
lorsqu'elles voyagent au sein d'une brume épaisse. Le
congrès de Tours marque le commencement d'une
évolution dans la conception de la grève générale au
milieu du syndicalisme français. A mesure que l'on
jetait quelque lumière sur la conception de la grève
« des bras croisés », on voyait bien toutes les difficultés
innombrables qu'il y avait à « organiser » une telle
grève. Peu à peu, l'impossibilité de son organisation
apparut clairement à tous les yeux. On rendit alors la
grève générale plus confuse en l'assimilant à la révolution et en reculant « *sine die* » son échéance, sous pré-

texte qu'il n'était au pouvoir d'aucun homme de.décréter un bouleversement social.

La deuxième question de l'ordre du jour du congrès était ainsi conçue : « Organisation de la grève générale ». Mais M. Guérard vint dire dans son rapport : « Le congrès de Nantes avait nommé un Comité d'orga- » nisation de la grève générale..... l'année suivante le » congrès de Limoges..... confiait à la C. G. T. le soin » de continuer les travaux du Comité d'organisation, » *improprement appelé d'organisation alors qu'il fut et* » *doit être de propagande* ». Il disait ailleurs : « *On ne* » *peut prévoir* quelles seront exactement les phases de » ce mouvement sur lequel tant de travailleurs fondent » le plus grand espoir » ; la grève générale « ne peut » pas être décidée à l'avance ».

Le congrès répudiait par là une partie du passé. Il répudiait l'organisation. Il répudiait une partie de la théorie du congrès de Nantes où certains s'étaient préoccupés de la durée que devrait avoir cette grève fantastique (ils l'estimaient de quinze à trente jours) et de l'argent nécessaire pour la soutenir.

Le rapport déclarait qu'il était impossible de pro- phétiser au sujet de la grève générale. Par suite, on ne pouvait pas dire si elle serait réellement une grève des bras croisés. « La grève générale, disait le rapport lu » par M. Guérard, *sera peut-être pacifique;* elle aurait » alors une très courte durée, c'est là même une des » conditions de succès de la grève générale des bras

» croisés. *Mais si elle se prolonge, si elle devient vio-
» lente....., qui* de nous pourrait s'en plaindre si cette
» révolution transformait du tout au tout les bases
» économiques de la société capitaliste? » L'essentiel
est donc que la grève générale aboutisse. Peu importe
sa légalité. Il faut qu'elle atteigne son but : la suppression du salariat; et si pour cela il est nécessaire qu'elle
soit violente, si la prise des instruments de production
ne peut pas se faire pacifiquement, qu'importe! tous
les moyens sont bons pour faire disparaître la société
capitaliste. M. Guérard concluait : « La grève générale
» sera pacifique ou non! »

En même temps qu'on reculait ainsi la véritable grève
générale, il fallait trouver d'autres moyens pour préparer l'affranchissement des travailleurs et leur assurer
provisoirement une condition meilleure. Il y a là une
certaine analogie avec les changements de tactique des
partis politiques. Confinés, au début, dans une froide
intransigeance vis-à-vis des gouvernements, certains
s'étaient peu à peu lassés de leur rôle passif et l'on
avait vu s'ouvrir l'ère des « possibilités ». Les syndicalistes avaient eu, eux aussi, une foi aussi ardente que
jeune en la grève générale. Au lieu d'attendre la révolution d'un cataclysme politique, ils l'attendaient de
leurs propres forces. Ils avaient accepté la grève générale avec la pensée d'abandonner la théorie pour la
pratique, et voici qu'on déclarait qu'une telle grève
exigeait une forte organisation de la classe ouvrière

(ce qui n'était pas) et un état d'esprit qui ne pouvait naître qu'après une longue propagande. L'ère des « possibilités » allait également s'ouvrir pour le syndicalisme.

Ce déclin de la grève générale comme unique moyen d'action, se poursuit à travers les congrès de la C. G. T. On ne pouvait pas rester toujours dans l'attente énervante de la révolution en dédaignant toutes les réformes partielles. Il fallait d'autres moyens de lutte. Ces moyens que les congrès déterminèrent, suivant le vœu du Conseil national (1) allaient tous être inspirés par l'esprit de classe. Toute une théorie de « l'action directe » allait s'ébaucher dans les congrès corporatifs.

Deux de ces moyens d'action figurent au congrès suivant qui se réunit à *Toulouse* en 1897. La cinquième question de l'ordre du jour avait trait, en effet, à la « grève générale ou partielle par industrie » et la dixième concernait le « boycottage ».

La grève générale par industrie avait évidemment une supériorité sur la grève générale, c'est qu'elle était immédiatement réalisable. Par sa répercussion sur la vie sociale elle pouvait fort bien amener des réformes dont bénéficieraient tous les travailleurs.

_____

(1) Manifeste du 1er Mai 1896. « ... C'est cette idée, l'affranchis» sement intégral des travailleurs, que la C. G. T. par la grève » générale ou *tous autres moyens que les syndicats* et fédérations » adhérents *détermineront dans les congrès annuels*, aura à appli» quer, lorsque les circonstances seront jugées favorables ».

Ce que j'approuve, disait un délégué, « c'est la grève
» générale par industrie ». Qui sait d'ailleurs si cette
grève ne serait pas le prélude de la véritable grève
générale ? C'est ce que disait le délégué Briat : « Je suis
» partisan d'encourager la grève générale d'industrie
» parce qu'il pourrait arriver que cette grève d'indus-
» trie se transforme en grève générale de tous les prolé-
» taires ». Déjà Guérard avait dit au congrès de Tours :
« La grève d'une corporation, d'une spécialité de
» métier, entraînera la grève forcée d'autres spécialités ».

La grève générale restait malgré tout en grande
faveur. Le congrès de Tours avait, à l'unanimité moins
quatre voix, voté le principe de la propagande de la
grève générale. Mais en attendant les résultats, on pensait à d'autres moyens d'action. « Je tiens à déclarer,
» disait un délégué, que je suis pour la grève générale
» comme moyen d'action, mais je ne la considère pas
» comme seul moyen d'action ».

A quoi bon même frapper d'ostracisme tel ou tel
adversaire de la grève générale ? On n'en était point
encore parvenu à ce degré d'intransigeance. L'idée ne
pouvait sortir que grandie de toutes les discussions.
Aussi repoussa-t-on l'ordre du jour Girard qui tendait
à faire de la grève générale un article de foi du programme syndicaliste. Il disait : « Comme le journal de
» la C. G. T. est un organe voté par le congrès corpo-
» ratif, je demande que tous les écrivains politiques se
» déclarent partisans de la grève générale ».

La discussion sur la grève généralisée fut close par le vote de deux propositions :

Proposition Fournier : Les organisations que nous représentons demandent qu'on mette aux voix le *principe même de la grève générale* qui est synonyme de révolution.

Adopté.

Proposition Bresset : Le congrès se déclare *partisan de généraliser* les grèves par industrie.

Adopté.

C'était s'engager davantage encore dans la voie des moyens réalisables que d'adopter le « boycottage ».

Le rapport de la commission du congrès fut lu par M. Delesalle. Il faisait un court historique du boycottage en en indiquant l'origine.

Le boycottage c'est une « mise à l'index », que cette mise à l'index s'applique à certains produits ou à certains commerçants, etc. Voilà un moyen qui permettrait aux ouvriers de pénétrer réellement dans la vie journalière. Tout en ayant la grève générale pour idéal ils pouvaient dépenser de mille façons leur énergie révolutionnaire. « Jusqu'ici les travailleurs se sont » affirmés révolutionnaires ; mais la plupart du temps, » ils sont restés sur le terrain théorique... Dans nos » réupions, on lève toujours les séances aux cris de : Vive » la révolution sociale ! et loin de se concréter en un » acte quelconque, ces clameurs s'envolent en bruit... » Outre la grève, nous pensons qu'il y a d'autres

» moyens à employer, qui peuvent tenir le capitaliste
» en échec ». Ce moyen, Delesalle proposait de le com-
pléter encore par le sabotage qu'il définissait « à mau-
vaise paye, mauvais travail ». On avait donc trouvé *les*
compléments de la grève générale (1).

De même que le congrès avait affirmé le principe de
la grève générale synonyme de révolution, et avait
décidé ensuite d'abandonner la théorie pour entrer dans
la pratique en employant la grève générale par industrie, de même, le rapport de la commission de boycottage se terminait par deux affirmations. L'une, théorique, disait : « chaque fois que s'élèvera un conflit entre
» patrons et ouvriers... et au cas où la grève semble-
» rait ne pouvoir donner de résultats aux travailleurs
» visés, que ceux-ci appliquent le boycottage ou le
» sabotage... ». L'autre était une proposition de mise
en pratique. La Commission proposait que « pour aider
» à l'écoulement des produits de la Verrerie Ouvrière,
» les travailleurs conscients » appliquassent un rigoureux boycottage à tous les liquoristes qui refuseraient
de débiter leurs liquides dans des bouteilles provenant
de la Verrerie.

C'étaient là des moyens très révolutionnaires. Il y en
avait pourtant d'autres, moins avouables, dont on conseillait l'usage aux ouvriers. Ceux-là, on ne les définissait pas. La C. G. T. allait être conduite à justifier et à

_____

(1) Cf. chap. iv, pp. 188 et suiv.

approuver tous les actes de violence et de destruction.
M. Hamelin disait : « Il y a une foule de moyens très
» pratiques à employer pour arriver à la réussite ; ils
» sont faciles à appliquer pourvu qu'on le fasse adroite-
» ment. Je veux dire par là *qu'il y a des choses qu'on*
» *doit faire et qu'on ne doit jamais dire* ». Et il ajoutait, aux applaudissements de l'assemblée : « Lorsqu'on
» entre dans la voie révolutionnaire, il faut le faire avec
» courage, et quand la tête est passée, il faut que tout
» le corps y passe ».

Boycottage et sabotage furent de nouveau discutés
au congrès de *Rennes* (1898) qui vit s'élever un conflit
entre Pelloutier et Lagailse. La grève générale y fut
discutée bien qu'elle ne fut pas à l'ordre du jour.

On travaillait alors ouvertement à rapprocher les
syndiqués et les politiciens, à concilier la grève générale et l'action parlementaire. Quelques auteurs ont vu
cette conciliation opérée au congrès de *Paris* (1900).
Conciliation bien superficielle et bien éphémère !

La septième question de l'ordre du jour était ainsi
conçue : « Grève générale. Son organisation. Son éven-
» tualité. Ses conséquences. De l'attitude des militants
» syndiqués dans les grèves ». La huitième question
touchait à l'entente internationale entre les travailleurs
et aux moyens pratiques de la réaliser.

Le congrès de Toulouse avait affirmé que la grève
générale est synonyme de Révolution. Cette conception
fut rendue plus nette encore par les déclarations de

nombreux délégués. M. Briat disait : « La grève *ne*
peut durer que quelques jours et elle sera la révolution
» sociale ». « Je n'envisage pas la grève générale comme
» devant être passive », disait le délégué Bourchet.
Pour lui, il n'était pas besoin qu'elle fut internationale.
Les autres pays suivraient l'exemple de la France. La
grève générale n'était pas utopique, car, disait un
délégué « le jour où vous aurez une *forte minorité* ou
» une majorité, la grève générale peut vous permettre
» de provoquer la Révolution ».

M. Treich vint annoncer que les syndicats limousins
étaient devenus d'ardents partisans de la grève générale, alors qu'au congrès de Tours la Bourse du Travail
de Limoges en avait demandé le retrait de l'ordre du
jour. M. Briat fut amené dans la suite de la discussion
à s'expliquer plus clairement encore que la première
fois : « J'ai dit que la grève générale, c'est la révolu-
» tion, mais nous ne *pouvons pas prévoir* si cette révo-
» lution se fera en quelques heures, sans sortir de la
» légalité, ou *s'il n'y aura pas de sang versé* ». Un autre
orateur allait plus loin encore : « Si nous faisons la
» grève générale, disait-il, *c'est pour* nous emparer des
» moyens de production, *pour déposséder* les possédants
» actuels qui certainement ne se laisseront pas faire
» facilement ; *il est nécessaire que cette grève revête un*
» *caractère révolutionnaire...* ».

M. Guérard démontrait enfin l'inutilité de l'action
politique. « Lorsque la grève générale sera faite, on

» s'emparera du pouvoir insurrectionnellement et on
» n'aura pas besoin à ce moment d'un bulletin de vote
» pour le conquérir ». Après lui, M. Latapie venait
signaler les méfaits de la politique.

Telle était l'opinion qui dominait le congrès, cela
n'est pas contestable. Comment s'expliquer que M. Blum
regarde le débat du congrès de Paris sur la grève
générale « comme le signe d'un changement *profond*
» dans l'état d'esprit des syndicaux ? ». « La grève
» générale n'était plus conçue comme exclusive de la
» révolution politique » (1). Il cite presque le seul
délégué qui vint préconiser l'action politique comme un
moyen de lutte à utiliser parallèlement à l'action économique.

L'ordre du jour qui fut adopté sans opposition semble, il est vrai, ne plus exclure l'action politique. Le
congrès acceptait la grève générale comme « un des
» seuls moyens qui, dans le domaine économique (assu-
» rerait) l'émancipation des travailleurs, *tout en n'ex-*
» *cluant pas les moyens employés sur un autre terrain* ».
Mais cette volte-face subite des syndicats dans leur attitude aurait mérité plus d'explications. Peut-on voir
sûrement dans cette formule, d'ailleurs peu nette, la
conciliation de l'action politique et de l'action économique ?

L'année précédente, un congrès du Parti socialiste

(1) L. Blum, *op. cit.*, p. 190.

s'était tenu à Paris. Il avait, dans son ordre du jour, fait une place à la grève générale et même au boycottage. M. Briand prononça un discours fameux en faveur de la grève générale. Pourtant la grande préoccupation du congrès était la discussion du « cas Millerand ». C'était une préoccupation essentiellement politique. Les syndicats le virent tellement bien, que presque tous s'abstinrent de participer au congrès. M. Barthou, dans l'*Action syndicale* (p. 46) dit qu'il y avait seulement 252 syndicats représentés sur 2.362 et 51.712 syndiqués sur 419.761. Rien de tel que l'éloquence des chiffres. Comment s'expliquer pareil revirement en moins d'un an? C'est que ce revirement n'a pas existé.

Le congrès de Paris est la suite logique des congrès de Limoges, Tours, Toulouse et Rennes. Il fut essentiellement violent et la décision votée ne répondait nullement aux tendances du mouvement syndical ni aux dires de la plupart des délégués. Le mouvement d'entente était tout de surface et certains, qui ne se laissaient pas tromper par les apparences, prophétisaient avec justesse sur les destinées du mouvement ouvrier. Dans son livre *L'évolution du parti syndical en France*, M. de Seilhac faisait preuve d'une grande clairvoyance.

On se leurrait alors sur la possibilité d'une réconciliation entre les partis politiques et les syndicats. Les dirigeants du mouvement ouvrier d'alors, pour des raisons d'ordre politique et d'intérêt personnel, étaient prêts à faire une place à la conquête des pouvoirs publics. Le *Mouvement socialiste* lui-même, écrivait à propos de l'ouvrage de M. de Seilhac : « Il se trompe » singulièrement lorsqu'il croit que la séparation, au » lieu de s'affaiblir, *va en s'accentuant entre le parti* » *syndical et le parti socialiste...* Nous pouvons affirmer » que le mouvement syndical et le mouvement socia- » liste se rapprochent toujours davantage, non pas pour » se confondre et se mêler, mais pour se developper » parallèlement et solidairement ».

Les événements ont prouvé que M. de Seilhac ne se trompait pas. Le parti syndical allait se détourner de plus en plus de l'action politique. Si l'unité allait se faire, ç'allait être dans le parti ouvrier, par l'entrée de la Fédération des Bourses dans la Confédération géné rale du Travail.

§ III. *La grève générale et les congrès de l'Unité ouvrière.*

La Confédération générale du Travail, dans les pre- mières années de son existence, n'existait presque que sur le papier. Mais elle se développa rapidement. La Fédération des Bourses dirigeait le mouvement syndical et, depuis Limoges, elle tenait ses congrès dans la même ville que la C. G. T. Ces congrès précédaient ceux de la C. G. T. Ainsi elle lui donnait une direction efficace. Elle lui montrait la voie à suivre pour prospé- rer : « Se tenir à l'écart et à égale distance des diffé- » rentes écoles (politiques) pour ne se préoccuper que

» des intérêts ouvriers ». Depuis Nîmes (1895), la Fédération des Bourses était préoccupée de ses rapports
avec la C. G. T. Certains insistaient sur la nécessité
qu'il y avait pour la Fédération d'entrer dans la C. G.T.
Déjà au congrès de Toulouse (1897), le délégué de
Nevers disait : « Il y va de son salut même, car le pro-
» létariat veut enfin exercer une action révolutionnaire
» qui est interdite à la Fédération des Bourses, cantonnée
» dans les études économiques ».

La question de la fusion fut encore discutée au congrès de *Nice* (1901). Niel en fut l'ardent avocat. « Le
» corps, disait il, a deux têtes... C'est la Fédération des
» Bourses du Travail qui doit disparaître... Dispa-
» raître?... Entendons-nous. Disparaître en tant qu'or-
» ganisation centrale, oui. Mais disparaître dans ses
» services et ses fonctions, non ». Cependant, il y avait
encore beaucoup de méfiance dans l'esprit de certains
délégués. Beaucoup craignaient que l'entrée de la Fédération dans la C. G. T. ne fût pour elle un arrêt de
mort. Le délégué de Paris soutenait que la C. G. T.
avait été fondée uniquement pour faire échec à la Fédération des Bourses; que, par suite, c'était elle qui devait
disparaître, c'était elle qui était de trop. Au milieu de
toutes ces discussions, la grève générale ne trouvait pas
une grande place. Le délégué d'Alger expliquait d'ailleurs que « la grève générale n'avait jamais été discutée
» à la Fédération des Bourses, parce que ce n'était pas
» une question qui la concernait ». Mais la grève géné-

rale était toujours présente à l'esprit des syndicalistes.
Niel expliquait que cette unité ouvrière tant désirée
n'était que provisoire. C'était la concentration momentanée des forces ouvrières en face de la concentration
des forces patronales. « Elle n'aura plus sa raison d'être,
» disait-il, lorsque, par la grève générale révolution-
» naire, elle aura détruit ce qui l'avait fait naître : la
» propriété individuelle, et établi définitivement la
» société communiste libertaire ».

Le congrès de Nice décidait que le soin de définir
l'unité incomberait au prochain congrès. Celui-ci eut
lieu à *Alger* en 1902. La Fédération des Bourses gardait toujours son esprit révolutionnaire. Le congrès
décida qu'il y avait lieu de rédiger le *Manuel du soldat*,
et il engageait les Bourses à faire de la propagande
antimilitariste par tous les moyens et sous toutes les
formes. Niel parla encore pour l'unité ouvrière. Les
statuts de cette Unité furent adoptés « à l'unanimité ».
Enfin, après une discussion au sujet des mots « efficacité » ou « nécessité » de la grève générale, le congrès
disait : « Il faut que la Commission de la grève géné-
» rale fasse pénétrer sa nécessité dans l'esprit des travailleurs organisés ».

La propagande en faveur de la grève générale se faisait régulièrement dans les milieux syndicaux. Les syndicats n'augmentaient pas seulement en nombre, ils
augmentaient en puissance. En 1901, leur nombre est
de 3.680. Les liens entre syndicats et ouvriers devien-

nent de plus très étroits. Le syndicat joue véritablement un rôle dans la vie sociale. Les patrons doivent
compter avec son influence. L'influence du syndicat se
fait surtout sentir dans les grèves. De 1890 à 1900, sur
5.112 grèves, dans 2.908 les ouvriers étaient syndiqués.
La grève n'est plus toujours une révolte d'ouvriers :
c'est un acte réfléchi, calculé du syndicat. « La grève
» cesse d'être un mouvement spontané..., le syndicat la
» surveille avec un soin jaloux, il l'organise..., il l'in-
» terdit ou la déconseille si elle est inopportune; il
» la commande, l'impose si elle lui semble néces-
» saire » (1).

A mesure que la grève revêt un tel caractère, qu'elle
éclate sur un mot d'ordre, que souvent une simple
menace suffit à faire capituler les patrons, les ouvriers
comprennent mieux la possibilité d'une grève générale.
Aussi à cette époque « les ouvriers *organisés* sont tous
d'ardents partisans de la grève générale ».

La C. G. T. prétendait continuer l'Internationale. Elle
voulait remettre en honneur la devise : « L'émancipa-
» tion des travailleurs doit être l'œuvre des travailleurs
» eux-mêmes ». Cela était d'autant plus facile que les
organisations ouvrières étaient pénétrées de leur puissance et qu'elles avaient foi en la réussite de la grève
générale. « Elles croient, écrivait Lagardelle (2), à la

---

(1) J. Uhry, *Les grèves et leur solution en France.*
(2) *Mouvement socialiste,* 15 sept. 1901.

» révolution sociale, mais non pas par le moyen du
» vieil appareil politique; la grève générale, comme l'a
» remarqué Sorel, est pour elles la révolte des produc-
» teurs sur leur propre terrain, sur le terrain de la pro-
» duction ».

A *Lyon*, en 1901, se réunissait le VIᵉ congrès de la
Confédération générale du Travail. Le Comité de la grève
générale allait indiquer les résultats de sa propagande.
La troisième question de l'ordre du jour avait trait à la
grève générale. Elle était ainsi formulée : « La grève
générale. L'armée dans les grèves. *a*) Rapport du comité
de propagande pour la grève générale; *b*) rappel des
décisions des congrès précédents; *c*) proposition de
déclarer la grève générale en cas de grève des mineurs
ou de guerre européenne; *d*) étude sur les moyens à
employer pour arriver à supprimer l'intervention de
l'armée dans les grèves ou à neutraliser son action ».

M. Girard donna lecture du rapport du Comité de la
grève générale. « Notre brochure, dit-il, qui a été dis-
» tribuée gratuitement à profusion sur tous les points
» du territoire ainsi qu'en Espagne, Suisse, Italie et
» Belgique... a porté un coup terrible à l'hésitation des
» inconscients; elle a remué profondément l'indifférence
» des ignorants, épouvanté la bourgeoisie, et l'indéci-
» sion du gouvernement fut telle qu'on a failli saisir les
» envois ». Le comité se réjouissait du succès de sa
propagande. La grève générale avait figuré sur l'ordre
du jour des congrès de la Fédération de l'ameublement

et de la Fédération nationale des boulangers. La plupart des corporations accueillaient l'idée de grève générale.

Le congrès de Lyon consacrait toujours l'évolution suivie depuis Tours. De même qu'à Toulouse, la motion votée affirme le principe de la grève générale et son adoption par les syndicats, sans être hostile à tout mouvement partiel, ni à plus forte raison à une grande grève généralisée. Si l'on se souvient des opinions émises par les délégués au congrès de Paris, on verra que le congrès de Lyon n'est que la confirmation du congrès de Paris, comme ce dernier n'était que la confirmation des congrès précédents.

La motion Bourchet fut votée par 355 voix contre 41 et 85 abstentions. Elle était ainsi conçue : « Le congrès » déclare que la grève générale ne peut être seulement » le moyen d'amélioration d'une catégorie des travail- » leurs quelle qu'elle soit. Elle ne peut avoir *pour but* » *que l'émancipation intégrale* du prolétariat *par l'ex-* » *propriation violente de la classe capitaliste.*

» Le congrès, devant cette situation, déclare *que le mouvement qui peut se produire en faveur des mineurs, dont nul ne peut prévoir ni l'importance, ni la portée,* et qui peut aller jusqu'à l'émancipation commune, sera, en tous cas, *un mouvement de solidarité* qui *n'entamera en rien* le *principe révolutionnaire* que tous préconisent par la grève générale de tous les travailleurs ».

La commission d'organisation du congrès de Mont-

pellier (1902) lança aux travailleurs un appel en faveur
de la grève générale. Une enquête à son sujet devait être
inscrite à l'ordre du jour du congrès.

« Travailleurs organisés !

» C'est de vous et de vous seuls que dépend le
» suprême salut..... Ils l'ont bien compris les maîtres
» du jour qui, pour enrayer la marche désormais pro-
» gressive du syndicalisme vers la grève générale, ont
» essayé de nous accabler d'une quantité de projets de
» lois plus ou moins de protection ouvrière, mais sur-
» tout de défense capitaliste..... Vous viendrez à Mont-
» pellier..... Vous aurez..... *à étudier les meilleurs*
» *moyens de production, de consommation et d'échange*
» *dans la future société que pourra nous amener la grève*
» *générale* ». Juste au moment de l'unité ouvrière qui
se réalisait au congrès de Montpellier, la Fédération
des Bourses devenant un organe de la C. G. T. sous le
nom de Section des Bourses, c'est-à-dire juste au moment
de la concentration définitive des organisations ouvrières,
on se préoccupait de l'avenir. Cet appel aux syndicats
n'est pas autre chose que la demande d'une doctrine
syndicaliste au sujet des trois problèmes de l'économie
politique : la production, la circulation et la répartition
des richesses. Les discussions avaient porté jusqu'à ce
jour sur le côté négatif de l'œuvre syndicaliste; quel
était le côté positif? Où voulaient en venir les syndicats
par leur propagande révolutionnaire? Il ne suffisait pas
de renverser la société bourgeoise, il fallait encore

proposer autre chose à sa place. Quelle devait être l'attitude du prolétariat au lendemain d'une grève géné·· rale couronnée de succès? Déjà au congrès de Lyon, *une enquête avait été décidée.* Un questionnaire très précis avait été adressé aux syndicats. Il était précédé d'un long préambule qui leur demandait des réponses nettes. Il est d'autant plus curieux de le relire aujourd'hui qu'il est toujours resté sans réponse et que les syndicats ne se laissèrent pas aller à prophétiser sur la société future. L'enquête qui eut lieu, en 1904, dans le *Mouvement socialiste,* est loin de répondre aux demandes du questionnaire dont on donna connaissance aux délégués du congrès de Montpellier.

Voici quel était le préambule : « Jusqu'ici, la grève » générale n'a été examinée qu'au point de vue com- » battif et c'est surtout l'action dissolvante qu'elle exer- » cera sur la société capitaliste qui a été le but des » préoccupations ouvrières.

» Il serait exagéré d'affirmer que, sur ce point, tout a » été dit, que plus rien ne peut être ajouté. Mais un » côté trop négligé, trop laissé dans l'ombre, et sur » lequel il est surtout *indispensable d'attirer l'attention* » *des travailleurs,* c'est la question de savoir quelle sera » l'attitude du prolétariat au lendemain d'un mouve- » ment triomphant de grève générale?..... Il est *d'autant* » *plus nécessaire d'y songer* que des conceptions dont la » classe ouvrière sera *imprégnée dépendra pour elle le* » *succès définitif :* si elle a des *idées nettes, précises,*

» elle pourra passer de suite à leur réalisation et n'aura
» pas à craindre un retour en arrière; si, au contraire,
» elle n'a que des notions vagues, confuses, et qu'elle
» attende pour agir un mot d'ordre qui, forcément,
» viendra trop tard — ou qui ne viendra pas — elle se
» prépare de nouvelles et cruelles déceptions.

» Cette question d'importance capitale : Que faire au
» cas de grève générale triomphante? sera examinée
» au prochain congrès corporatif de Montpellier. Le
» Comité confédéral a cru nécessaire de préluder à
» cette discussion par une enquête faite auprès de toutes
» les organisations ouvrières.

» Au lieu de procéder, pour répondre à cette inter-
» rogation, par une étude qui risquerait d'être le reflet
» d'idées personnelles, le Comité confédéral a cru pré-
» férable de soumettre la question à l'étude des orga-
» nisations elles-mêmes, afin qu'elle soit discutée et
» largement étudiée et mûrie par les intéressés, qui, au
» jour voulu, auront justement à passer de la théorie à
» la pratique.

» Il a donc décidé de soumettre la question aux orga-
» nisations, en les priant de la discuter et de lui faire
» connaître *leurs réponses, non point en se bornant à*
» *émettre des généralités et des abstractions,* mais en se
» plaçant sur le terre à terre de leur corporation, afin
» d'avoir, autant que faire se pourra, la facilité de
» dégager de l'ensemble des réponses qu'il recevra, la
» tendance qui présidera à la réorganisation sociale ».

Suivait le questionnaire : Camarades! nous vous prions..... de nous faire connaître, en supposant le peuple maître de la situation, comment vous feriez pour *réorganiser la production,* dans votre corporation, et comment vous concevez que pourrait *s'assurer la circulation et la répartition des produits ?*

1° Comment agirait votre syndicat pour se transformer de groupement de lutte en groupement de production ?

2° Comment opérerez-vous pour prendre possession de l'outillage vous afférant ?

3° Comment concevez-vous le fonctionnement des ateliers et des usines réorganisés ?

4° Si votre syndicat est un groupement de voirie, de transport de produits, de transport de voyageurs, de répartition de produits, etc..., comment concevez-vous son fonctionnement ?

5° Quelles seraient, une fois la réorganisation accomplie, vos relations avec votre Fédération de métier ou d'industrie ?

6° Sur quelles bases s'opérerait la distribution des produits et comment les groupes productifs se procureraient-ils les matières premières ?

7° Quel rôle joueraient les Bourses du Travail dans la société transformée et quelle serait leur besogne au point de vue de la statistique et de la répartition des produits ?

On ne pouvait pousser plus loin la prévoyance et le

souci du détail. Comme devaient le dire certains militants, « c'était tout le problème social posé en points
d'interrogations (1) ». Il s'agissait de le résoudre. La
tâche était lourde. Si le congrès de *Montpellier* conser-
vait une attitude révolutionnaire (2), il était avant tout
préoccupé de l'unité ouvrière. Il n'aborda pas la partie
de son ordre du jour qui concernait l'enquête sur la
grève générale. L'enquête restait ouverte. Elle l'est
encore. Les points d'interrogation du questionnaire
sont toujours restés des points d'interrogation.

§ IV. *La grève générale, les mineurs, les masses rurales.*

Du moment qu'à partir du congrès de Toulouse on
avait trouvé des moyens d'action pratiques, on devait
être tenté de les appliquer. Les ouvriers devaient faire
des « grèves généralisées » en attendant la grève générale. C'est ce qui eut lieu. Vers la fin de 1899, une
grande grève éclatait au Creusot. En 1900, il y eut un
essai de grève générale à Marseille. La même année,
les tullistes de Calais faisaient grève pendant trois mois.

---

(1) Pataud et Pouget, *Comment nous ferons la révolution* : Aux
lecteurs, p. 3.
(2) Par 355 voix contre 1 et 37 bulletins blancs, l'ordre du jour
suivant était adopté : « Le congrès approuve sur tous les points
» le rapport du Comité confédéral et l'engage à continuer éner-
» giquement son œuvre révolutionnaire et syndicaliste qui seule
» nous permettra de renverser la société bourgeoise ».

Au mois de septembre 1898, M. Guérard voulut faire
déclarer la grève des chemins de fer alors qu'une grève
de terrassiers venait d'éclater à Paris. Ce devait être le
début de la grande grève générale. Mais le gouvernement intervint aussitôt et la grève échoua (1). Les efforts
de la C. G. T. ne furent pas moindres, dans la suite,
pour chercher à généraliser les grèves. Elle y réussit
souvent, témoin la grande grève de Marseille, en 1901,
qui, « à propos d'une querelle entre un entrepreneur et
quelques ouvriers, fit un instant chômer 15.000 prolétaires » (2). Elle cherchait également à étendre les
grèves minières.

Les *mineurs* constituaient en effet une corporation
remuante. Devaient ils accueillir l'idée de grève générale? Il est d'autant plus intéressant de le savoir que
l'industrie de la mine est une des industries les plus
essentielles à la vie sociale. Un arrêt général dans l'industrie de la mine arrêterait les chemins de fer, les
usines et aurait une répercussion sur toute la vie industrielle. C'était la seule forme de grève générale qui
avait d'abord trouvé grâce devant les guesdistes. A
Nantes, certains délégués voulaient que la grève générale finale commençât par la corporation des mineurs.
On a vu que dans la motion Bourchet, le congrès de
Lyon déclarait qu'une grève générale des mineurs pou-

(1) G. Weill, *op. cit., passim.*
(2) G. Weill, *op. cit., passim.*

vait entraîner l'émancipation de tous les travailleurs.

Quelle était donc à cette époque l'attitude de ceux sur lesquels le prolétariat fondait tant d'espoirs?

La grève générale fut d'abord discutée et votée à Montceau. Puis au congrès de Lens, au mois d'avril 1901, on décida que la grève serait *votée* si les ouvriers n'obtenaient pas satisfaction. « Le congrès, disait » M. Landrieu dans le *Mouvement socialiste,* s'est arrêté » à la menace en remettant aux intéressés eux-mêmes » le soin de décider de leur attitude. Il a compris qu'il » n'est peut-être pas au pouvoir de quelques hommes » réunis sur un point du pays de mettre en branle une » aussi vaste corporation. L'ouvrier lui-même, en met- » tant dans l'urne le bulletin qui décidera de son travail » du lendemain, comprendra toute l'importance de son » acte; il n'attendra plus l'amélioration de son sort de » je ne sais quelle intervention législative ou divine » agissant en dehors de lui; il saura que pour faire » aboutir ses revendications, il faut qu'il le veuille et » que ceux-là seuls qui sont conscients et organisés sont » capables de volonté et d'action ».

Un mois plus tard, du **27** au **31** mai, se tenait à Londres le congrès international des mineurs. Le con- grès discuta la grève générale. Elle fut attaquée par le citoyen Cotte (Français), qui demanda ce que feraient les mineurs des autres pays au cas où la grève géné- rale serait déclarée dans quelques mois en France. Le citoyen Brenez dit qu'ils devraient « diminuer l'expor-

» tation du charbon dans le pays gréviste ». La plupart
des délégués anglais déclarèrent la solution peu prati-
cable, mais ils envisageaient très sérieusement l'éventualité d'une grève générale de tous les mineurs
d'Europe, qui, d'après le citoyen Smeling, devenait
chaque jour plus réalisable. Leur président promit de
faire tout le possible pour que la production fût restreinte pendant la durée de la grève, et les Belges
prirent un engagement plus formel encore pour le cas
où eux-mêmes ne pourraient pas déclarer la grève
générale. Le principe de la grève générale fut admis
par le congrès (1).

La question de l'internationalisation d'une grève
pouvait en effet se poser à cette époque. Depuis de
longues années, l'Europe jouissait de la paix et les travailleurs de tous les pays cherchaient à refaire une
autre Internationale et, avant tout, à se solidariser dans
la lutte. « Un patriote, un chauvin, chez les ouvriers
» conscients serait considéré comme une anomalie, un
» phénomène, un cas pathologique intéressant et
» pitoyable (2). »

Mais le délai qui avait été acccordé au ministère
Waldeck-Rousseau pour donner satisfaction aux travail-

---

(1) Ce compte rendu est emprunté au *Mouvement socialiste*,
15 juillet 1901.

(2) G. Yvetot, Article sur le congrès de Nice, *Mouvement socialiste*, 15 juillet 1901.

leurs, expira et la menace de grève générale ne fut pas mise à exécution.

Le congrès d'Alais (mars 1902) vota à nouveau la grève générale ou plus exactement le principe de la grève, après une discussion violente. Il y avait eu une réduction des salaires par suite de la baisse du prix de vente du charbon. D'ailleurs, les revendications des mineurs étaient à cette époque ce qu'elles sont encore aujourd'hui. Ils demandaient la journée de 8 heures (1), la retraite de 2 francs par jour après 50 ans d'âge et 25 ans de travail.

Le congrès de Commentry décida que « la grève générale était le seul moyen d'arrêter les compagnies dans la voie des iniquités et des vexations ».

Le XIIIᵉ congrès international des mineurs se tint à Düsseldorf, au milieu de l'année. Il se prononça pour la grève générale internationale et décida la création d'un secrétariat international.

Au mois d'octobre, la grève était déclarée en France. Les mineurs firent appel à leurs camarades des autres pays. « Sûrs de votre approbation, disaient» ils, nous vous laissons l'initiative des mesures qui » conviendront le mieux pour nous aider dans la lutte » que nous entreprenons ». Un appel était aussi adressé aux soldats.

Au début, le ministère Combes montra quelque mol-

_____

(1) La loi de 1905 leur a donné une satisfaction partielle.

lesse à réprimer la grève. Puis il se décida à faire intervenir l'armée. M. Briand protesta vainement à la Chambre contre l'emploi de l'armée. Au bout d'un mois, le travail reprit peu à peu, d'abord dans le Nord.

Le bureau international, qui avait été créé à Düsseldorf, ne fonctionnait pas, et il avait été impossible de tenter une grève internationale de la corporation minière. La Confédération générale du Travail avait fait de vains efforts pour essayer de généraliser la grève et de l'étendre à d'autres industries.

Cet échec ne découragea pas les mineurs qui sont restés d'ardents partisans de la grève généralisée et de la grève générale.

———

Une des objections le plus souvent opposées à la grève générale est tirée de l'indifférence des *masses rurales* à l'égard de la méthode syndicaliste. C'était là un des arguments guesdistes.

L'idée devait cependant séduire jusqu'à ces masses qui furent longtemps réfractaires au socialisme.

Actuellement, les bûcherons du Cher sont fortement organisés et, quoique tard venus au syndicalisme, ils sont des plus révolutionnaires. Griffuelhes, dans son « Voyage révolutionnaire », vantait l'activité syndicale de Bourges.

Les premières organisations syndicales apparurent dans le Cher vers 1892. De 1892 à 1895, tous les congrès des bûcherons sont uniquement préoccupés d'obtenir des avantages immédiats. Il y eut des grèves violentes en 1891-1892. A cette époque, le bois était déprécié. Il était dans beaucoup d'industries, et notamment dans celle de la construction, supplanté par le fer. Il s'ensuivait une baisse dans les salaires. Quand la prospérité revint et que les salaires revinrent à leur taux normal, les syndicats déclinèrent et disparurent peu à peu avec la disparition des besoins qui les avaient fait naître.

Un second mouvement syndical se produisit en 1899. Dès 1896, Bourges possédait sa Bourse du Travail. Les syndicats se développèrent rapidement et en 1902 eut lieu le premier congrès de la Fédération des Bûcherons.

Le deuxième congrès de la Fédération qui se tint à Nevers en août 1903 est nettement animé de l'esprit révolutionnaire. Dès le début du congrès, le secrétaire de la Fédération, dans son allocution de bienvenue, montrait que le souci d'obtenir des réformes immédiates n'empêchait pas les bûcherons de désirer la révolution sociale : « Nous voulons... des réformes..., disait-il,
» en attendant qu'une société mieux organisée, dans
» laquelle chacun pourra jouir du produit intégral de
» son travail, ait remplacé la société bourgeoise dans
» laquelle nous vivons aujourd'hui. Mais ce change-
» ment, ce bouleversement de la société actuelle sera-
» t-il un simple effet du hasard ou s'opérera-t-il en sui-
» vant la lente évolution des siècles? Nous ne croyons

» ni à l'une, ni à l'autre de ces hypothèses. *Il n'appar-*
» *tient qu'à nous et à nous seuls, par de vigoureux*
» *efforts, d'en précipiter l'avènement* ».

Au moment de la grève des mineurs, alors que la
C. G. T. venait de lancer un appel pour essayer de
généraliser la grève, le Conseil demanda à tous les
syndicats bûcherons adhérents leur avis sur la question
de la grève générale. Il y eut peu de réponses. Le
secrétaire attribua cette négligence au manque de propagande dans les milieux ruraux, qui n'avaient pas de
la grève générale une conception assez nette.

Le congrès de Nevers, par deux résolutions, montrait
nettement son intention de se servir de la grève généralisée, de la grève générale de la corporation, comme
moyen de menace et d'intimidation. Il vota les propositions suivantes : « Au cas où les pouvoirs publics
» refuseraient d'insérer dans les cahiers des charges,
» pour l'exploitation des bois des communes, des dépar-
» tements et de l'État, une clause fixant un minimum
» de salaire et appliquant les conditions des décrets du
» 10 août 1899 (1), les bûcherons syndiqués prennent
» *l'engagement de ne pas travailler dans les coupes*
» *domaniales et d'y déclarer la grève* ». Cette grève
générale équivalait, en somme, à un rigoureux boycottage. La deuxième résolution était conçue en ces ter-

_____

(1) Insertion d'un maximum d'heures de travail et d'un minimum de salaire.

mes : « *Chaque syndicat mettra en demeure* les conseil-
» lers municipaux, les conseillers généraux, les députés,
» les sénateurs, les ministres de son département, de
» faire aboutir, dès la rentrée, les vœux émis par le
» congrès des bûcherons sur l'extension des lois ouvriè-
» res aux travailleurs ruraux et sur la modification du
» cahier des charges pour l'exploitation des bois doma-
» niaux. *Si l'État n'accepte pas* les revendications des
» bûcherons, *les syndicats s'engagent à bloquer les*
» *coupes* ». Voilà de l'action directe !

Les bûcherons étaient donc bien persuadés des bons
effets de la grève générale de leur corporation. A propos de la discussion de l'article 10 des statuts, ainsi
conçu : « La Fédération n'est tenue de soutenir que les
» grèves qui auront été déclarées avec son assenti-
» ment », le secrétaire expliqua que cet article avait
pour but *de prévenir les grèves partielles,* souvent justes,
mais presque toujours sans portée et sans résultats. *Les*
grèves générales, faites avec l'assentiment du syndicat,
pouvaient seules amener des réformes. Le congrès, enfin,
manifesta son antimilitarisme : « Les délégués des syn-
» dicats bûcherons protestent contre les poursuites
» intentées aux auteurs du *Manuel du soldat* et décla-
» rent se solidariser avec les auteurs de cette brochure
» humanitaire ».

Toutes les populations rurales n'étaient cependant
pas animées du même esprit agressif ni de la même foi
en la méthode violente. Dans le courant du mois d'août

de cette même année 1903, se réunissait à Béziers un congrès régional des « prolétaires ruraux du Midi méditerranéen ». C'était le premier congrès des travailleurs des champs. Or, des divergences se produisirent au sujet de la grève générale. Au cas d'une grève généralisée à l'industrie, les uns pensaient que tous les organes de la production rurale devraient cesser de fonctionner ; d'autres admettaient, au contraire, que les paysans devraient continuer le travail, afin de fournir au prolétariat urbain les objets de consommation nécessaires à sa résistance (1).

En 1904, le deuxième congrès, tenu à Narbonne, émit bien un vote en faveur de la grève générale, mais avec des considérants qui n'étaient pas sans l'atténuer (2).

Au mois de décembre 1904, si la Fédération du Midi parvint à faire éclater une grève générale d'une semaine, il faut ajouter que la grève fut localisée dans l'arrondissement de Narbonne, là où pouvait le mieux s'exercer la propagande du Comité fédéral. En 1905, au congrès de Perpignan, se constitua une « Union fédérative terrienne », car les Fédérations horticole et bûcheronne vinrent se solidariser avec la Fédération du Midi. Mais, « depuis les sous-comités de grève jusqu'à l'Union

---

(1) *Mouvement socialiste*, 1903.

(2) « Considérant que les intérêts sont encore trop divers et présentent trop de particularités pour pouvoir entraîner les énergies nécessaires... ».

» fédérative, tous ces organismes sont sans vie. C'est un
» cadre vide » (1).

§ V. *La grève générale et le congrès de Bourges.*

Les révolutionnaires devaient pourtant dominer le
syndicalisme. Leur doctrine était une doctrine extrême,
et les doctrines extrêmes sont facilement saisissables à
cause même de leur forme logique. Déjà, à Montpellier, une bataille entre réformistes et révolutionnaires
s'était livrée autour de la représentation proportionnelle. Les réformistes furent battus à Bourges comme
ils l'avaient été à Montpellier. Ils furent battus aussi au
sujet des moyens d'action.

Le congrès de Bourges avait à décider quels moyens
on emploierait pour obtenir la journée de huit heures.
Il se prononça pour la grève générale pacifique, moyen
d'agitation et de pression extérieure. Avant le congrès
de Bourges, la grève générale pacifique avait été préconisée pour obtenir la suppression des bureaux de
placement. Au congrès national des Travailleurs de
l'Alimentation qui se tint à Lyon (24-26 sept. 1903), on
adoptait cet ordre du jour : « Le congrès des corpora-
» tions de l'alimentation décide que, si satisfaction
» n'est pas donnée par les pouvoirs publics pour la
» suppression des bureaux de placement payants, patro-

---

(1) Article de M. Lacombe, *Mouvement social,* 1911, 2, p. 903.

» naux ou mixtes, la grève générale de toutes les sec-
» tions fédérées sera déclarée à bref délai. Le soin est
» laissé au comité fédéral d'agir et d'aviser les sections
» fédérées du moment propice ». La grève fut faite,
mais elle échoua.

C'était pour cette forme de grève, grève générale
dirigée contre les pouvoirs publics, que le congrès de
Bourges allait se décider (1). Il y eut bien des. oppo-
sants. Keufer avait critiqué la méthode du Comité confédéral et s'était plaint de l'infiltration anarchiste. Son
ordre du jour qui invitait le comité confédéral à rester
fidèle aux statuts ne fut pas accepté. 825 syndicats sur
1.214 se prononcèrent pour le rapport du Comité confédéral. Les révolutionnaires dominaient. Aussi, la Commission pour la journée de huit heures qui avait à choisir
comme moyen d'action entre l'intervention légale ou
l'agitation et la pression extérieure, se prononça-t-elle
pour cette dernière méthode par 12 voix contre 3.

La résolution votée choisissait le 1er mai 1906 comme
date de l'action d'ensemble du prolétariat.

« Le congrès considérant que les travailleurs ne peu-
» vent compter que sur leur action propre pour amélio-
» rer les conditions du travail ;

» Considérant qu'une agitation pour la journée de
» huit heures est un acheminement vers l'œuvre défini-

---

(1) Il est intéressant de noter qu'à ce congrès sont représentés
30 syndicats agricoles du Midi et 40 des bûcherons du Centre.

» tive d'émancipation intégrale ; le congrès donne man-
» dat à la C. G. T. d'organiser une agitation intense et
» grandissante à l'effet que :

» Le 1ᵉʳ Mai 1906, les. travailleurs cessent d'eux-
» mêmes de travailler plus de huit heures.

» Le Comité confédéral nommera une commission
» spéciale et recueillera des souscriptions volontaires
» pour couvrir les frais de cette propagande ».

C'était la victoire des révolutionnaires. « Dégagés de
» toute influence gouvernementale, disait Griffuelhes,
» de toute autorité politique, anarchistes et socialistes
» luttent ensemble, décidés à poursuivre leur action
» sur le terrain syndicaliste qui leur est commun ». Le
premier congrès de l'unité ouvrière se détournait tout
à fait de l'action politique et se prononçait pour « l'action directe », même dans les circonstances où l'intervention de la loi était de toute façon nécessaire.

§ VI. *La grève générale et les conférences internationales.*

Le congrès international de *Londres* (1) de 1896 avait
mis aux prises politiciens et syndicalistes. L'histoire du
congrès est entièrement remplie de leur querelle et
des efforts qui furent faits par les « politiciens » pour
exclure les « syndicaux-antiparlementaires ». Un parti
politique avait cependant cherché la conciliation. Il

(1) A. Hamon, *Le socialisme et le congrès de Londres*, 1897.

admettait la grève générale. C'était le parti allemaniste
qui disait dans sa circulaire : « Nous prenons la liberté
» d'appeler votre attention sur le congrès international
» de Londres qui est proche, parce que, selon nous, il
» comporte, pour les syndicats ouvriers, une question
» primordiale : la grève générale ». Et plus loin : « La
» conquête des pouvoirs publics ne donnera jamais que
» des résultats inefficaces et n'est pas le seul but à
» atteindre »..... « Camarades....., vous prendrez garde
» au danger que nous vous signalons, et vous affirmerez
» de nouveau que la grève générale est le seul moyen
» pour arriver à une transformation économique pour
» le bien-être de l'humanité tout entière ». La grève
générale ne figura pourtant pas à l'ordre du jour
Avant l'ouverture du congrès avait lieu, le 24 juillet,
salle Maubert, 123, rue Vieille-du-Temple, la réunion
des délégués corporatifs. La grève générale était votée
après des discours de MM. Lavaud, Allemane, Tortelier
et Girard (1).

Quant au congrès de Londres, il déclarait dans ses
résolutions que l'action politique était « *le moyen
d'affranchissement par excellence* ». La Commission de
l'action économique et industrielle, dans son rapport,
proposaitdes monopoles, etc..... *M. Guérard, au nom de
la minorité de la commission,* présenta un autre rapport
dans lequel il rappelait les décisions des congrès de

(1) A. Hamon, *op cit.,* p. 87-88.

Marseille (92), de Paris (93), de Nantes (94) et de Limoges (95). Il invoquait l'exemple de la Belgique. « Si, *a priori,* la grève générale internationale ne » paraît pas possible, disait ce rapport, il en est diffé- » remment d'une grève générale nationale..... le con- » grès invite les travailleurs de toutes les nations, et en » particulier les syndicats, à étudier cette importante » question qui pourra être résolue dans un prochain » congrès international ».

Le *rapport de la majorité de la commission fut adopté.* La grève générale n'eut de succès que dans la confé- rence anarchiste-socialiste qui se tint les 29, 30 et 31 juillet, à Saint-Martin's-Town-Hall. Elle était à l'ordre du jour à côté de « l'action parlementaire et ses men- songes » et de la « grève militaire ». M. Pelloutier vint déclarer que les syndicats inclinaient de plus en plus vers la grève générale. On entendit aussi MM. Delesalle et Tortelier (1).

Désormais, les syndicats ne devaient plus prendre part aux congrès internationaux politiques. On ne devait plus voir de congrès mi-politiques, mi-syndicaux. Les congrès politiques ne se désintéressèrent cependant pas immédiatement de la grève générale. Au Congrès international qui se tint à *Paris* le 23 septembre 1900, elle fut énergiquement défendue par M. Briand, mais le congrès la jugea impossible pour le moment. La grève

---

(1) A. Hamon, *op. cit.,* p. 173-174.

générale ne fut nettement repoussée qu'au congrès international d'*Amsterdam* (1904).

Déjà au mois d'août (1), le Parti socialiste de France (2), avait consacré trois séances à la question. Malgré les attaques de Jules Guesde disant : « Notre devoir est de libérer les travailleurs. syndiqués de la *nébuleuse idée grève-généraliste* », « une résolution en faveur de la » grève générale..... détruirait..... l'influence du parti » dans la masse ouvrière..... car *elle serait la condam-* » *nation de l'action politique* », la grève générale ne fut pas repoussée. La résolution votée n'a pas la net-teté de celle votée à Nantes (1894) par le parti gues-diste. On n'adopta pas l'ordre du jour présenté par la Fédération de la Seine qui déclarait : « Le Parti socia-» liste de France..... ne peut qu'encourager la propa-» gande en faveur de la grève générale ». C'était beau-coup trop clair. La résolution votée par **114** voix contre **39** et **2** abstentions était quelque peu « nébu-leuse ». Le congrès déclarait accepter la grève, puis ajoutait : « Considérant..... qu'une grève, plus ou moins » étendue ou générale, peut, l'organisation ouvrière et » les circonstances aidant, déterminer une explosion » révolutionnaire, pendant que là où les prolétaires ne » possèdent pas de moyens d'action politique ou sont

---

(1) Au congrès de Lille.

(2) Le P. S. de France avait été fondé à Ivry, en novembre 1901. C'était l'union des groupes révolutionnaires.

» menacés de s'en voir dépouillés, cette suspension en
» masse du travail peut s'imposer à eux pour les con-
» quérir ou les conserver.

» Le Parti socialiste de France, sans prendre la res-
» ponsabilité de conflits qui échappent à son action
» propre, se déclare *prêt à faire tout son devoir* dans de
» pareilles circonstances.

» Mais affirme plus haut que jamais que la reprise
» par la société des moyens de production dépendant
» de la prise du pouvoir politique par le prolétariat
» organisé, tous les travailleurs devenus conscients doi-
» vent venir au socialisme révolutionnaire, seul capable
» par l'expropriation politique et économique de la
» classe capitaliste, d'assurer le bien-être et la liberté
» de tous ».

La résolution du Parti socialiste de France fut repoussée
à Amsterdam par 36 voix contre 3. On adopta le texte
du Parti démocratique socialiste de Hollande. Ce texte
beaucoup plus net et qui repoussait (1) la grève générale fut accepté par 36 voix contre 4 et 3 abstentions :
« Le congrès socialiste international..... déclare « la
» grève générale, si l'on entend par là la cessation com-
» plète de tout travail à un moment donné, *inexécutable,*
» parce qu'une telle grève rendrait chaque existence,
» celle du prolétariat comme tout autre, impossible.....

---

(1) Déjà à son congrès de Dordrecht (Pâques 1904), le parti
socialiste hollandais avait déclaré la grève générale « impossible ».

» Avertit (les ouvriers) de ne point se laisser influencer
» par la propagande pour la grève générale, *dont se*
» *servent les anarchistes pour détourner les ouvriers* de
» la lutte véritable et incessante, c'est-à-dire *de l'action*
» *politique,* syndicale et coopérative..... ».

La scission était donc irrémédiablement opérée entre
les « syndicaux et les politiciens » non seulement au
point de vue national, mais encore au point de vue
international. Les congrès de Paris et d'Amsterdam
s'étaient tenus sans les anarchistes, aussi n'est-il pas
étonnant de voir ce dernier leur donner un léger coup
de patte. La vérité était maintenant dévoilée. Jules
Guesde avait dit, la motion d'Amsterdam répétait après
lui que le danger des succès de la grève générale dans
les milieux ouvriers venait de ce que ceux-ci abandon-
neraient l'action politique quand ils croiraient ferme-
ment pouvoir se sauver eux-mêmes. Le danger n'était
pas imaginaire et on verra que le congrès d'Amiens
rejeta, en effet, *définitivement* l'action politique pour
préconiser la grève générale.

Après le congrès de Londres, les syndicats des divers
pays avaient décidé de ne plus prendre part aux congrès politiques. Mais la grève générale ne devait pas
être mieux accueillie dans les Conférences syndicales.

En 1900, la France tenta d'organiser un congrès
international de syndicats. L'année suivante avait lieu

une conférence à *Copenhague*. Elle reconnut la nécessité d'établir des « rapports internationaux réguliers
pour un objet bien limité ». A *Stuttgart*, en 1902, on
décidait la création d'un secrétariat international. Mais
ces conférences étaient un peu ternes et leur œuvre
presque nulle. Aussi la France essaya-t-elle d'y apporter un peu de vie en introduisant à la conférence de
Dublin (1903), deux questions qui pouvaient prêter à de
longues discussions : l'antimilitarisme et la grève générale. Le programme français fut repoussé. Il fut de
nouveau présenté à la conférence internationale d'*Amsterdam* (1905); il comportait en plus la question des
huit heures. Nouvel échec, décisif cette fois, car le
deuxième paragraphe de la résolution votée était ainsi
conçu : « Ne sont pas de la compétence de la confé-
» rence toutes les questions théoriques et celles qui
» regardent les tendances et la tactique du mouvement
» national des syndicats ».

§ VII. *La grève générale et le congrès d'Amiens (1906).*

Le congrès d'Amiens allait se préoccuper de la situation que créait le vote de cette motion. Les révolutionnaires étaient au fond mécontents de l'attitude des syndicats étrangers et *particulièrement de celle des syndicats allemands.* Au congrès d'Amiens, M. Griffuelhes
rappelait avec une bonne humeur qui cachait peut-être

un peu de ressentiment, l'échec de son voyage en Allemagne en janvier 1906.

C'était au moment des événements du Maroc. Griffuelhes partit pour voir si les syndicats allemands pouvaient organiser à Berlin une grande démonstration contre la guerre. Ceux-ci objectèrent que la législation allemande s'y opposait. Griffuelhes consentit à aller voir les « parlementaires » Singen et Bebel. Mais comme ceux-ci lui disaient que le « Comité confédéral devait s'entendre avec le Parti socialiste de France », Griffuelhes se retira.

Le congrès d'Amiens vota la proposition Delesalle, approuvant l'attitude du Comité confédéral qui demandait d'inscrire à nouveau les questions : grève générale, antimilitarisme, journée de huit heures au programme des conférences. M. Pouget fit ajouter l'amendement suivant : « Au cas où le secrétariat international s'y » refuserait, s'abritant derrière la motion d'Amster-» dam..., le Comité confédéral est invité à entrer en » rapports directs avec les centres nationaux affiliés en » passant par dessus le Secrétariat International ».

Les succès de la grève générale étaient donc *purement nationaux,* mais ils allaient grandissant. Griffuelhes avait refusé, en janvier 1906, de s'entendre avec le Parti socialiste de France. La séparation devenait de plus en plus définitive entre les politiciens et les syndicalistes.

Cependant, le congrès d'Amiens devait donner lieu

à une lutte assez vive entre partisans et adversaires de l'action politique. La question n'avait jamais été posée aussi nettement qu'à ce congrès. De sa décision allait dépendre l'orientation définitive du syndicalisme soit dans le sens de la conciliation et des rapports avec les partis politiques, soit dans le sens de la neutralité absolue en matière politique.

Le 1er Mai 1906 fut l'occasion de la critique des modérés. Cette date avait été choisie à Bourges comme date d'une action d'ensemble du prolétariat. Celui-ci devait cesser de travailler au bout de huit heures. Le mouvement avait échoué et les modérés concluaient à la « faillite » du 1er Mai. C'était la thèse de M. Guérard. La résolution de Bourges disait : il faut « conquérir les » huit heures en quittant le travail les huit heures » accomplies ». L'a-t-on fait? Non. Donc, il y a faillite.

Mais la faillite du 1er Mai n'emportait pas la faillite de la méthode révolutionnaire. Pour être impartial, il faut reconnaître que les révolutionnaires ne croyaient pas d'une façon ferme au succès du mouvement. M. Pouget écrivait en 1904 : « Les syndicalistes ne » disent pas à la classe ouvrière : Nous vous donnerons » la journée de huit heures, mais : cela dépend de » vous ». On comptait donc sur la force des masses ouvrières. Avait-on une foi absolue en cette force? Loin de là. Dans son commentaire de la résolution de Bourges, M. Pouget ne croyait pas à la réussite assurée « du 1er mai ». Il considérait simplement que cet essai de

grève générale était une bonne chose, parce qu'il fallait
« multiplier les *chances* de succès ».

Le congrès resta donc toujours fidèle à la tactique
révolutionnaire. Une Commission fut nommée qui devait
élaborer un programme d'action et « prendre comme
plateforme la journée de huit heures ». Le 1er Mai était
indiqué pour un essai de mobilisation générale. Il devait
avoir un caractère agressif. Le congrès manifestait
ensuite son hostilité à l'égard des réformes légales éla-
borées par le parlement bourgeois. Il repoussait les
projets de lois sur le « contrat collectif de travail » et
sur la « réglementation des grèves et l'arbitrage obli-
gatoire » dont le but était « d'entraver le développement du syndicalisme et d'étrangler le droit de grève ».
Le congrès affirmait enfin l'inutilité de toute action
politique en déclarant que le droit nouveau « ne pou-
» vait sortir *que des luttes ouvrières sur le terrain éco-*
» *nomique* ».

La proposition qui devait essayer de ramener le syndicalisme sous l'égide des partis politiques était donc
vouée à un échec certain. Cette proposition émanait de
la Fédération du Textile. Autour de sa discussion se con-
centrait tout l'intérêt du congrès. « Elle invitait le con-
» grès à décider la création de délégations intermittentes
» ou permanentes entre le Comité confédéral et le Parti
» socialiste ». Elle fut défendue par Renard qui soutenait que le syndicat était « inapte à la besogne d'expropriation et de révolution ». Mais comme il se rendait

compte de l'hostilité qui, dans le congrès, régnait contre cette motion, il demanda le vote par division. Dans une première partie, il affirmait la nécessité « de ne pas se » désintéresser des lois ayant pour but d'établir une » législation protectrice du travail » et, par suite, l'obligation pour les syndiqués d'empêcher (par les moyens dont ils pouvaient disposer) les adversaires d'une législation sociale d'arriver au pouvoir. La deuxième partie de la résolution affirmait l'intérêt qu'il y avait à ce que « des relations s'établissent entre le Comité confédéral et le Conseil national du Parti socialiste », et invitait par suite le Comité confédéral à « s'entendre, toutes les » fois que les circonstances l'exigeraient, avec le Con- » seil national du Parti socialiste, pour faire triompher » les principales réformes ouvrières ».

Le congrès n'accepta pas la division et la proposition fut rejetée par 774 syndicats, 34 seulement étaient pour et il y eût 37 bulletins blancs.

Il restait pour les révolutionnaires à vaincre un autre courant que ce courant purement politique. C'était le courant réformiste. La motion Keüfer n'affirmait pas la nécessité d'entrer en relation avec le Parti socialiste, mais elle ne parlait pas de la grève générale, et disait que « l'action parlementaire devait se faire parallèlement à l'action syndicale ». Elle allait avoir encore moins de succès que la proposition du Textile. 830 syndicats affirmaient leurs idées révolutionnaires en votant la motion Griffuelhes contre laquelle se prononçaient seulement 8 syndicats. La motion Griffuelhes était un rappel des statuts de la C. G. T. et du but révolutionnaire de la Confédération. « La C. G. T. groupe *en dehors de toute école politique* tous les travailleurs conscients de » la lutte à mener pour la disparition du salariat et du » patronat » ; ce but que Renard avait proclamé impossible à atteindre par le syndicat, car il « se meut obliga- » toirement dans les limites que la loi lui a imposées ».

Il fallait expliquer cette affirmation théorique. Aussi la motion ajoutait que le désir de parvenir à cette transformation radicale de la société n'empêchait pas le syndicalisme « de poursuivre... l'accroissement du » mieux-être des travailleurs par la réalisation d'amé- » liorations immédiates, telles que la diminution des » heures de travail, l'augmentation des salaires, etc. ». L'utilité de l'action parlementaire se faisait-elle sentir pour obtenir ces réformes ? Nullement. La motion décla- rait plus loin que « *l'action économique doit s'exercer directement contre le patronat* ». Et cette poursuite de réformes partielles, ce n'était qu'un côté de l'œuvre du syndicalisme qui poursuit aussi, ajoutait la résolution, « l'émancipation intégrale qui ne peut se réaliser que » *par l'expropriation capitaliste* » et à cette fin le syn- dicalisme « *préconise comme moyen d'action la grève* » *générale* et considère que le syndicat, aujourd'hui » groupement de résistance, sera, dans l'avenir, le » groupe de production et de répartition, base de la » réorganisation sociale ».

L'adoption de l'action directe et de la grève générale
était la conclusion logique du rejet de l'action politique.
Le vote de la motion Griffuelhes s'imposait après le
rejet de la proposition du Textile.

CONCLUSION

L'unité ouvrière s'était faite à Montpellier en 1902.
Après elle, et peut.être *à cause d'elle*, se forma en 1905
le « Parti socialiste unifié ».

Le congrès d'Amiens venait de décider qu'entre ces
deux groupements il n'y aurait aucun rapport. Le congrès politique de Limoges (1906) affirmait également
leur complète autonomie. Le socialisme était donc bien
divisé au sujet des moyens d'action : d'un côté le socialisme parlementaire avec l'action politique; de l'autre
le socialisme ouvrier avec l'action économique. Cette
division avait été opérée à Nantes (1894); elle était définitive à Amiens.

Le parti allemaniste avait tâché, dès le début de son
existence, de concilier ces deux formes d'action. Mais
les syndicats se tenaient définitivement éloignés de la
politique. Le syndicalisme révolutionnaire célébrait sa
victoire à Amiens où des Fédérations modérées votaient
pourtant la motion Griffuelhes qui admettait la grève
générale : modérés et anarchistes s'étaient coalisés
contre les guesdistes.

Le syndicalisme révolutionnaire est toujours tout-puissant. C'est aujourd'hui le parti politique qui est entraîné dans son orbite et non plus le syndicalisme qui se trouve dans la dépendance d'un parti politique. On l'a bien vu au congrès récent de Lyon (1912) où l'on n'osa pas voter de motion blâmant l'action révolutionnaire de la C. G. T. C'est aujourd'hui le parti socialiste que l'on accuse de complaisance vis-à-vis de la Confédération ouvrière.

Si le syndicalisme révolutionnaire reste tout-puissant, il n'y aura vraisemblablement jamais place pour une entente avec le parti socialiste. Le syndicalisme révolutionnaire prêchera toujours *l'action directe* pacifique ou violente. C'est sur la grève générale expropriatrice qu'il comptera pour faire à jamais disparaître le patronat.

Cependant une victoire implique des vaincus, et les vaincus du congrès d'Amiens n'ont pas abandonné la lutte. La grève générale n'est pas devenue à la suite de sa victoire une idée intangible, universellement chère à tous les syndicalistes. Beaucoup de fédérations puissantes, riches en syndiqués repoussent résolument l'action purement violente et la grève générale.

Les *réformistes* ont tout d'abord mis en doute la capacité d'héritier du prolétariat. Certes, de nombreux échecs avaient prouvé la difficulté de la grève générale, mais à supposer même qu'elle fut possible, le prolétariat était-il assez fort pour succéder de nos jours à la société capitaliste ? Les réformistes ne l'ont point pensé. L'évolution, seule, a un pouvoir de transformation. Le

syndicat, organe sans aucun doute essentiel au développement de la vie ouvrière, doit rester un agent de progrès et ne pas devenir un agent de destruction. « Je
» considère l'organisation syndicale, dit Keufer, comme
» une institution organique qui doit se perpétuer, et
» *non comme un instrument de démolition sociale* qui
» doit disparaître une fois son œuvre de déblaiement ou
» de démolition accomplie ». Le syndicat doit s'occuper
avant tout de la défense des intérêts ouvriers, il doit
étudier les questions professionnelles et sociales, tâcher
d'établir des contrats collectifs de travail, s'occuper des
placements, surveiller et perfectionner l'apprentissage,
veiller à l'application des lois sociales..., etc... N'est-ce
pas là un rôle déjà important ? et vouloir lui faire jouer
plus tard le rôle d'organe de production et de répartition des richesses, n'est ce pas trop présumer de ses
forces ? « L'avenir seul nous dira si un rôle plus consi-
» dérable leur sera réservé, si cette conception des
» libertaires, qui consiste à attribuer aux groupements
» ouvriers la colossale et si difficile fonction générale
» de la création et de la répartition des produits, de
» la richesse sociale, de l'éducation complète des indi-
» vidus — une des plus délicates opérations sociales —,
» si toutes ces opérations pourront être l'œuvre exclu-
» sive des organisations ouvrières, une fois la vieille
» société renversée. *Pour mon compte, je ne le crois*
» *pas* »...

C'est l'évolution qui peut transformer le monde par

étapes graduées. La notion de progrès implique celle de lenteur. C'est au sein d'un monde en paix que peuvent s'opérer des transformations auxquelles chaque génération apporte sa « part de labeur et de sacrifices » (1). Il faut donc répudier résolument l'action « purement révolutionnaire et violente » parce qu'on ne peut rien attendre d'elle. Dans une lettre citée par M. Carcanagues (2), M. Keüfer se déclare l'adversaire de la révolution violente, de la grève générale violente. Il met d'ailleurs en doute l'avènement de la cité syndicaliste : « *Croire qu'un mouvement révolutionnaire,* » *même momentanément victorieux pourrait résoudre* » *le problème social,* et transformer d'un coup les con- » ditions économiques nationales *sans tenir compte des* » *forces et des influences internationales,* et en un mot » instaurer une société nouvelle dirigée par des grou- » pes fédératifs de producteurs, groupes composés par » les syndicats,

» Quel rêve ! » (3).

Aussi quand en 1901 les mineurs qui songeaient à la grève générale vinrent solliciter l'appui d'autres fédérations de métiers, ils échouèrent auprès de la Fédération du Livre (4).

D'autres syndicalistes, *à tendances guesdistes* et

---

(1) Conférence de M. Keüfer, *Mouvement socialiste,* janvier 1905.
(2) Thèse Paris, décembre 1912, p. 23.
(3) Carcanagues, *op. cit.,* p. 24.
(4) Weill, *op. cit.,* p. 409 en note.

inféodés au parti socialiste, sont résolument hostiles à la grève générale, d'autant plus hostiles qu'ils restent convaincus que « le rôle de transformation sociale appartient au Parti socialiste ». Pour M. P.-M. André, du Syndicat national des chemins de fer, « le syndicalisme s'est constitué en vue de la grève générale », pour faire échec à l'action politique. Une fois que les syndicats seront délivrés des anarchistes, l'on peut espérer que des rapports réguliers s'établiront entre le parti socialiste et la C. G. T. (1).

Ceux qui sont à ce point intransigeants à l'égard de la grève générale et qui placent ainsi leur confiance dans le parti politique, ne sont qu'une minorité, représentée principalement par la Fédération du Textile.

Mais beaucoup *d'indépendants,* dont le nombre va augmentant, sans se reposer sur l'action parlementaire, se lassent aussi pourtant du dogmatisme révolutionnaire, s'insurgent contre cette violence de tous les jours érigée en principe moralisateur, et dénoncent bien haut le « bluff » des dirigeants actuels de la C. G. T.

Ces dirigeants ne sont en effet qu'une minorité et ils le savent. Dans les congrès, où les votes se font par syndicats et non par syndiqués, les révolutionnaires ont

----

(1) Voir dans l'intéressante enquête de M. Carcanagues, *op. cit.,* les réponses à ces questions : n° 5: Que pensez-vous des rapports avec les partis politiques parlementaires ou antiparlementaires ? n° 6 : Quelle position prenez-vous vis-à-vis des questions suivantes : *b*) Grève générale ?

toujours le dessus. La représentation proportionnelle seule pourrait donner peut-être la majorité aux réformistes. Discutée pour la première fois à Montpellier en 1902, elle a, dans tous les congrès qui suivirent, réuni un chiffre croissant de voix. Les révolutionnaires luttent contre cette tentative d'écrasement des « minorités conscientes » et disent qu'à côté de la valeur numérique d'un syndicat, il faut considérer sa « valeur morale ». Jusqu'à ce jour, ils ont été victorieux.

Si les réformistes réussissaient à diriger la C. G. T. dans la voie de la modération et des négociations pacifiques, s'ensuivrait-il une entente avec le parti socialiste? Cela n'est nullement prouvé. Une fois à la tête du mouvement ouvrier, les réformistes répudieraient vraisemblablement toute forme d'action violente, répudieraient la grève générale (cela ne veut pas dire toute grève, ni même toute grève généralisée). Assagis, les syndicats pourraient mieux s'occuper des intérêts journaliers de leurs membres et augmenter leur force pécuniaire. On verrait se constituer ainsi une C. G. T. puissante et pacifique au lieu d'un foyer révolutionnaire, un Syndicat des syndicats qui négocierait avec le gouvernement pour des réformes concernant l'ensemble des travailleurs, de même que le syndicat négocie avec les patrons de telle ou telle industrie. Dans la récente grève générale des mineurs anglais (1912), on a bien vu les délégués de la Fédération des Mineurs négocier directement avec le ministère. Pourquoi ces rapports (*toute violence mise à*

part), pourquoi *ces rapports qui excluent toute intervention d'un parti politique,* et qui dans tous les pays sont
spéciaux aux périodes critiques, ne deviendraient-ils
pas habituels? Pourquoi l'exception ne deviendrait-elle
pas la règle? La Confédération générale du Travail
serait alors « une sorte de conseil officieux du travail,
» une académie des idées prolétariennes, qui présente-
» rait des vœux au gouvernement » (1).

Cela c'est l'avenir... peut-être. Pour le moment, malgré les échecs nombreux de la C. G. T. dans ses tentatives de grève générale, malgré l'insuccès de son
agitation antimilitariste, rien ne fait prévoir un changement de direction à la rue Grange-aux-Belles.

S'ensuit-il pour cela qu'un changement de méthode
ne puisse se produire? Non certes, et depuis 1906 on
a assisté à un ralentissement incontestable de la propagande révolutionnaire ou tout au moins de ses résultats.

Le syndicalisme révolutionnaire pourrait être appelé
beaucoup plus exactement syndicalisme *réformiste et
révolutionnaire*. S'il y a dans les organisations ouvrières
des germes de division et de discorde, il ne s'ensuit pas
qu'elles subissent une crise dont l'issue doive être fatale,
ni qui doive conduire à des scissions irrémédiables. On
est, en effet, en présence de querelles de personnes bien
plus que de querelles de doctrines.

_____

(1) F. Pelloutier, *Histoire des Bourses du Travail*, préface de
G. Sorel, p. 25.

Sans doute les anarchistes sont à la tête du mouvement ouvrier (1); mais, vivant au milieu des luttes de
chaque jour, au contact des réalités et non plus dans
un monde idéal, ils étaient amenés à abdiquer de leur
idéalisme et de leurs conceptions métaphysiques. Ils
ont conservé leur tempérament révolutionnaire; mais,
délaissant leur théorie strictement abstentionniste, ils ne
sont point demeurés les adversaires irréductibles de
toute conciliation, de toute concession, de toute tran-
saction, ni les ennemis absolus de toute réforme législative. Leur doctrine est une doctrine *excessivement
souple,* qui fait place à tous les moyens d'action directe,
aussi bien pacifiques que violents. *Ils ont essayé de
résoudre l'opposition entre l'action pacifique et l'action
révolutionnaire.* Il leur est facile de forcer ou de diminuer les doses de violence pour arriver toujours à un
mélange agréable.

La grève générale demeure inscrite sur le fronton du
temple syndicaliste pour effrayer les bourgeois. Dans
le fond, ces hommes violents ont des visées avant tout

---

(1) Cf. cette parole de Niel : « Le syndicalisme, *c'est l'anarchisme sans le mot* »; et cette opinion de Keufer : «... Voilà com-
» ment sous l'influence persévérante autant que déloyale de
» quelques anarchistes, qui n'ont pas voulu faire entre leurs
» conceptions philosophiques et leurs intérêts professionnels la
» distinction commandée par le *syndicalisme,* celui-ci s'est *trans-*
» *formé en un parti ouvrier anarchiste* ». *Démocratie sociale,* mai
1911.

pratiques, et sont désireux d'avantages immédiats. Ces
« minorités conscientes », qui par leurs excès mêmes
avouent quelquefois leur impuissance — car la violence est la force des faibles, — ne se feront peut-être
pas scrupule de faire évoluer leur doctrine suivant les
besoins de leur cause.

Le drapeau du syndicalisme est fait en quelque sorte
de deux morceaux d'étoffes : l'un aux couleurs réformistes, l'autre aux couleurs révolutionnaires. Suivant le
souffle du vent, le drapeau peut onduler de bien des
manières. Tantôt les unes, tantôt les autres couleurs
seront surtout apparentes et la grève générale pourra
peut-être bien s'égarer un moment au milieu de leurs
replis.

C'est par « l'action directe » que le syndicalisme a
remplacé l'action politique. La grève générale a trouvé
une grande place dans la théorie et l'on ne peut plus
l'en séparer aujourd'hui.

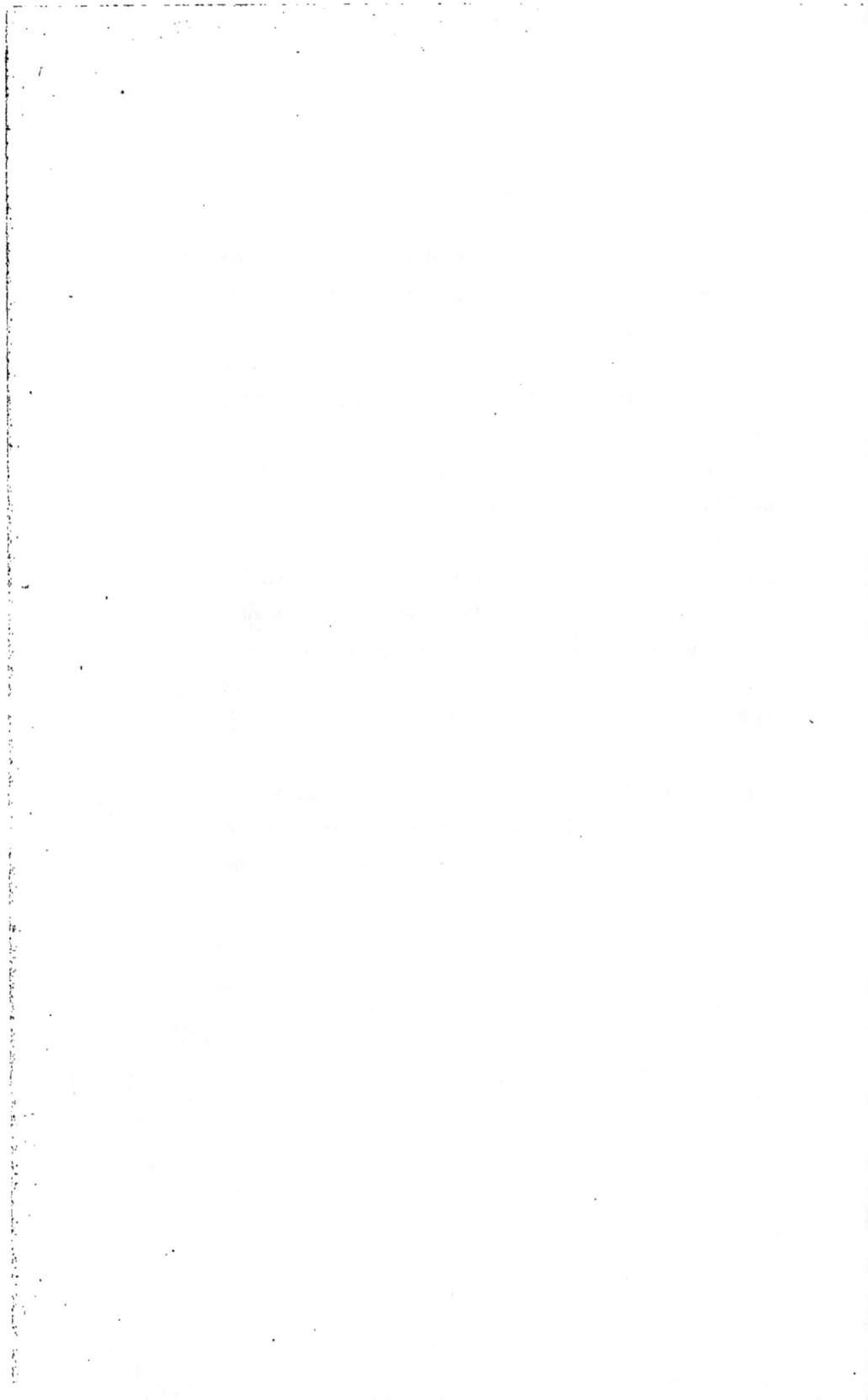

CHAPITRE IV

La grève générale dans la doctrine syndicaliste.

———

§ 1. *La critique de l'organisation économique actuelle.*
Le but du syndicalisme.

On·a vu comment s'est formée la Confédération générale du Travail, comment est né un Parti ouvrier en
face d'un Parti politique.

De quoi se compose la C. G. T.? A la base se trouve
le syndicat qui est l'âme de l'organisation confédérale.
Les syndicats d'une même localité ou d'une même
région vont s'unir pour mieux défendre leurs intérêts :
ils formeront une Bourse du Travail. Les syndicats d'un
même métier vont s'unir dans toute la France et l'on
aura un syndicat national (Syndicat national des chemins de fer, Fédération du Livre). Si l'on monte ensuite
le troisième échelon de cette échelle double d'unions (1),

———

(1)   C. G. T.

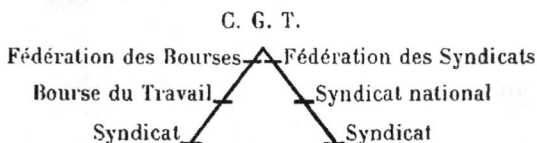

l'on aura d'un côté la Fédération des Bourses, de l'autre la Fédération des Syndicats. L'union suprême, enfin, ce sera la C. G. T.

Ce parti ouvrier avait de bonne heure pris le titre de « parti syndicaliste », montrant bien par là la place qu'y tenait le syndicat.

Maintenant que l'on connaît son organisation, on peut se demander quel est son but. « Le syndicalisme » est le mouvement de la classe ouvrière qui veut par- » venir à la pleine possession de ses droits sur l'usine » et sur l'atelier » (1). Pourquoi cette prise de posses- sion est-elle nécessaire?

Qu'est-ce qui y met obstacle ?

Qu'est-ce qui vaincra l'obstacle?

Dans l'organisation économique actuelle, les instru- ments de production n'appartiennent pas à celui qui les mettra directement en œuvre. Par suite du développe- ment de la grande industrie, il est désormais impossible à l'ouvrier d'espérer être propriétaire des instruments de production. Les machines coûteuses, les ateliers géants ne peuvent appartenir qu'à ceux qui disposent de grandes ressources. Ce seront des particuliers ou des êtres collectifs réunissant quantités d'associés, appor- teurs chacun d'une mise déterminée. De toute façon, l'ouvrier n'est plus à la fois propriétaire de son outil,

---

(1) Griffuelhes, *Bibliothèque du mouvement prolétarien*, broch. XI, p. 14.

puis de l'objet fabriqué et enfin vendeur de cet objet.
Il vend son temps *à forfait* au patron qui lui fournit
l'outil et s'occupe de la vente. Il ne court plus de ris-
ques de perte d'outil ou de mévente. Mais, disent les
syndicalistes, il est exploité par le patron dans la fixa-
tion du forfait. Le capitaliste jouit d'un monopole de
fait, puisque seul il peut acquérir des instruments de
production. L'ouvrier est donc contraint d'accepter un
salaire toujours plus bas que la part qui devrait lui
revenir dans la vente de l'objet qu'il a fabriqué. L'ouvrier ne jouit pas de l'intégralité du produit de son travail (1).

Le monde économique se divise donc en deux classes : d'un côté les capitalistes, de l'autre les travailleurs
ou bien en langage syndicaliste : d'un côté les exploiteurs, de l'autre les exploités. Le label de la C. G. T.
représente une mappemonde. Par-dessus les océans,
deux mains de travailleurs sont enlacées. On pourrait
aussi bien y faire figurer un poing fermé se dressant
dans un geste de colère contre le patron séparé de
l'ouvrier ; entre eux : l'Océan.

Comment s'étonner d'une division si tranchée ? Ces
deux classes doivent être forcément ennemies parce
qu'elles ont des intérêts absolument contraires. Plus le
patron prendra sur le salaire, plus il rognera sur la

---

(1) Cf. Griffuelhes, *L'action syndicaliste*, p. 11, paragraphe inti
tulé : *La question sociale*.

— 174 —

part qui légitimement revient à l'ouvrier dans la vente
du produit de son travail, et plus il verra croître son
bénéfice. Au contraire, l'ouvrier a intérêt à ce que le
patron disparaisse, parce que ce jour-là ce bénéfice
sera sien. Il faut qu'il conquière l'usine et l'atelier, car
le jour où l'on supprimera le patron-parasite, tous les
bénéfices indûment prélevés sur la classe ouvrière
reviendront à celle-ci.

C'est donc le patron qui est la cause des misères
ouvrières. Mais comment se fait-il qu'il puisse chaque
jour continuer impunément son métier d'exploiteur ?
C'est qu'il est protégé par l'État (1). L'État est le soutien
du patronat. Par les lois qu'il a faites, il lui a permis
d'exploiter l'ouvrier. Il a consacré le régime de la propriété individuelle. Tant qu'il sera debout, personne ne
peut nourrir l'espoir de voir le patronat disparaître.

Il n'y a donc qu'un seul remède aux misères ouvrières. C'est l'*abolition du patronat* et *de l'État* (2). Les
ouvriers ne peuvent pas attendre des améliorations à
leur sort de la part d'un patron qui a des intérêts exactement contraires aux leurs. Rien de bon ne peut venir
de la classe patronale, ni de l'État qui la protège (3) et
qui est le gardien de la propriété individuelle. Les syndicalistes se plaisent à démontrer l'inutilité de ces pré-

(1) Cf. *Bibliothèque du mouvement prolétarien*. Brochure, IV, p. 14.

(2) Cf. *Bibliothèque du mouvement prolétarien*, broch. XI, p. 18-
20, une critique de l'État.

(3) Cf. *Bibliothèque du mouvement prolétarien*, broch. XI, p. 22.

tendues réformes bourgeoises, de ces lois faussement décorées du nom d'ouvrières, si timides, si hésitantes. Ils se plaisent à critiquer ces « paliers » qui retardent la réalisation de leurs désirs et ces dérogations nombreuses, imprudemment accordées, qui, bien souvent, tuent le texte.

Pour résoudre la question sociale, il faut que l'ouvrier s'empare des instruments de travail.

Le syndicalisme poursuit donc le même but que le socialisme parlementaire : la socialisation des moyens de production. Il a recours aux mêmes arguments pour expliquer l'exploitation de l'ouvrier, et même le plus souvent, il ne se donne pas la peine de l'expliquer, il la considère comme un fait bien établi.

Les syndicalistes ont une doctrine presque purement critique et négative. Leur critique est même décourageante parce qu'essentiellement affirmative. Ils diraient volontiers avec Bernstein : « Le surtravail est un fait » d'expérience, démontrable *par l'observation* et qui n'a » besoin d'aucune preuve déductive » (1). Leur doctrine est une doctrine de militants, qui ne s'est pas embarrassée de théories obscures sur la valeur et qui procède par affirmations tranchantes; doctrine aux contours nettement tracés, facilement saisissable, faite pour les esprits épris de simplicité. L'on comprendra toute son

---

(1) Cité dans Gide et Rist, *Histoire des doctrines économiques,* p. 103.

influence si l'on se remémore ces paroles si justes du Dr G. Le Bon : « L'affirmation pure et simple, dégagée » de tout raisonnement et de toute preuve, constitue un » sûr moyen de faire pénétrer une idée dans l'esprit » des foules. Plus l'affirmation est concise, dépourvue » de preuves et de démonstration, plus elle a d'auto- » rité » (1).

§ II. *Les moyens d'action.*

L'on sait déjà que le syndicalisme se sépare du socia- lisme au sujet des moyens de lutte. Le socialisme con- sidère qu'il n'y a « qu'une méthode souveraine, la con- » quête légale de la majorité » (2). Il emploiera donc l'action parlementaire, il donnera comme arme à l'ou- vrier le bulletin de vote.

Ce mode d'action est néfaste pour l'élu et pour l'élec- teur, disent les syndicalistes (3). Pour l'élu, car une fois à la Chambre, le socialiste est amené à des conces- sions, à des transactions qui lui font perdre de vue le fossé infranchissable qui sépare la classe ouvrière de la classe patronale. Encore heureux quand il ne le fran- chira pas! Il votera des lois prétendues sociales qui

(1) G. Le Bon, *Psychologie des foules,* p. 103.
(2) Jaurès cité dans *La grève générale et le socialisme* de Lagar- delle, p. 113.
(3) Cf. les méfaits de la politique dans *Voyage révolutionnaire de Griffuelhes, passim* et surtout p. 57 et 58.

retarderont la révolution en apaisant pour un temps les revendications des masses, en endormant l'esprit révolutionnaire.

Quant à l'électeur, la politique aura peut-être pour effet de lui imposer le respect d'un homme (qui est son pire ennemi), parce qu'il s'intitule socialiste. N'a-t-on pas vu, dans une grève à Hennebont (1905), des travailleurs ne pas se mettre en grève pour soutenir leurs camarades sous prétexte que leur patron était socialiste ? Le parti, en effet, peut grouper des hommes qui sont « *économiquement adversaires* ».

L'action politique aura ensuite pour effet d'enlever toute énergie à l'ouvrier. Les luttes électorales ne se renouvellent que tous les quatre ans. Pendant ces longs intervalles, l'ouvrier s'en remet à son député. Il perd de vue la nécessité de l'organisation syndicale, l'utilité de la lutte de tous les jours. Il s'endort dans une confiance sans limites en l'effet de son vote.

L'ouvrier ne doit compter que sur lui-même pour arriver à son émancipation. Il doit lutter directement contre le patronat, ne pas s'en remettre à un intermédiaire. Mais ses efforts vont rester vains : il est isolé, fatalement il sera vaincu. Aussi la nécessité du groupement s'impose-t-elle. Le syndicat lui donnera un peu de la puissance que l'organisation économique actuelle lui enlève. Le syndicat sera le véritable agent de lutte. Il jouera, à lui seul, le triple rôle qui doit être assigné à tout défenseur de la classe ouvrière : assurer des amé-

liorations partielles au sort des travailleurs ; combattre
sans cesse le régime capitaliste et lui faire des brèches
de plus en plus nombreuses pour arriver à le supprimer définitivement; établir alors la société idéale dans
laquelle l'ouvrier ne sera plus exploité et jouira du
produit intégral de son travail. Le syndicat sera donc
*tout à la fois un organe de progrès, de lutte et de
reconstruction sociale!*

A. Le syndicat organe de progrès.

Un organe de progrès à la fois matériel et moral (1).
Le progrès matériel s'accomplira à la fois dans l'intérêt
général et dans l'intérêt des ouvriers. Par ses revendications incessantes, par ses luttes quotidiennes qui
aboutiront souvent à un relèvement du salaire, le syndicat force le patron à ne plus économiser sur l'ouvrier,
il l'oblige à chercher ailleurs un bénéfice, en obtenant
un meilleur rendement de ses machines, en améliorant
son outillage, etc., en prenant enfin quantité de mesures
qui ne pourront qu'être utiles à la bonne marche de la
production.

D'autre part, dans ses revendications, le syndicat ne
négligera pas les réformes partielles (2), ni toutes les
mesures qui seront susceptibles d'augmenter le bien-

---

(1) Lagardelle, *Bibl. du Mouvement prolétarien,* broch. I, p. 53-54.
(2) Lagardelle, *Bibl. du Mouvement prolétarien,* broch. XI, p. 50.

être et la liberté de la classe ouvrière. Et la hausse des salaires doit être placée en première ligne. Les conventions collectives de travail viendront souvent remplacer les règlements d'atelier élaborés autrefois par le patron seul. Le syndicalisme, en effet, est *à la fois réformiste et révolutionnaire*. Il résout l'opposition entre l'action quotidienne et l'action finale (1). Tout en se préparant à la destruction de la société, il est loin de se désintéresser des mesures qui peuvent momentanément satisfaire les travailleurs (2).

Le progrès qu'engendre le syndicat est non pas seulement matériel, mais encore moral, car l'ouvrier y apprend à connaître les bons effets de la solidarité. L'association lui montre la nécessité de l'effort commun et lui apprend le désintéressement. Souvent il se mettra en grève à seule fin d'aider d'autres camarades à la réussite. Le syndicat développe ainsi les bons côtés de la nature de l'homme. Mais si l'ouvrier syndiqué se rend compte dans la grève de la valeur des efforts collectifs, il apprend aussi « à compter sur la valeur de

---

(1) Cf. broch. I, p. 49 (Lagardelle) et E. Pouget : « Il serait » inexact de supposer que ceux qui se réclament de l'étiquette « révolutionnaire » sont obstinément opposés à toute amélioration » partielle et de détail.

» C'est une tension constante vers des fins révolutionnaires » qui les distingue des réformistes ». *Mouvement socialiste*, nov. 1904.

(2) Cf. *supra,* p. 167 et suiv.

son effort personnel » (1). Il voit son sacrifice de quelques jours et son effort méritoire largement récom-
pensés par la hausse de son salaire ou par le succès de
ses autres revendications.

Le syndicat *par les luttes* qu'il soutient, contribue à
développer aussi l'esprit d'énergie et de courage. Il
entretient enfin parmi les ouvriers l'esprit révolutionnaire qui est essentiel pour le succès final et le progrès
définitif.

B. Le syndicat organe de lutte.

Car le syndicat est par dessus tout un agent de lutte,
la lutte étant la condition même du progrès. On sait
déjà quel est le moyen d'action que le syndicat va
employer dans la lutte. On sait qu'il se servira de
l'action directe.

Qu'est-ce que l'action directe? « C'est l'action des
ouvriers eux-mêmes, c'est-à-dire directement exercée
par les intéressés » (2). Cette action n'est pas nécessairement violente. De même que le syndicalisme résout
l'opposition entre l'action réformiste et l'action révolutionnaire, *de même il résout l'opposition entre l'action
pacifique et l'action violente.* Qu'on examine de près
chaque forme d'action directe dont il sera parlé plus
longuement tout à l'heure et l'on verra que tout moyen

---

(1) G. Sorel, broch. XI, p. 8.
(2) Griffuelhes, broch. IV, p. 23. Cf. aussi Lagardelle, broch. I,
p. 44; Pouget la C. G. T., broch. II, p. 38.

de lutte préconisé par le syndicalisme revêt une double
forme : pacifique et violente. Quoi de plus violent au
premier abord que le sabotage? On voit immédiatement
en imagination des bris de glaces, des détériorations
de machines, etc. Mais quoi de plus pacifique que ce
sabotage pourtant redoutable qui consiste à diminuer
la production? L'ouvrier fait tout avec lenteur, ou le
contraire du travail qui lui est prescrit, ou bien même
il exécute sa tâche à la lettre, en observant trop scru-
puleusement le règlement; il fait ce qu'on appelle de
« l'obstructionnisme ».

Le boycottage est un moyen d'action pacifique. C'est
la mise à l'index d'un industriel ou d'un commerçant
chez lequel, par exemple, on refuse de s'embaucher.
Mais cette mise à l'index peut être accompagnée de
violences ou de manœuvres frauduleuses. La grève
peut de même être pacifique ou violente. La grève
générale, enfin, peut être dédoublée en grève générale
réformiste, le plus souvent pacifique (grandes grèves
destinées à intimider les patrons ou même le gouvernement, grèves de vingt-quatre heures, agitations du
1ᵉʳ mai), et en grève générale expropriatrice, nécessairement violente si les patrons, comme on peut le supposer, opposent de la résistance..

L'action directe, pacifique ou violente, est avant tout
exercée par les ouvriers. Non seulement elle n'est
exercée que par les ouvriers, mais elle n'est exercée
que par un certain nombre d'entre eux : les ouvriers

conscients. Ce sont eux qui dirigent le mouvement ouvrier, ce sont eux qui entraînent les masses. Seuls, les « êtres de volonté » (1) ont de la valeur. Ils doivent donner l'exemple. « L'action syndicale est la négation » du système des majorités » (2). Ce sont les minorités conscientes qui doivent prendre l'initiative de la lutte. Le sabotage est le plus souvent l'œuvre d'ouvriers isolés, de travailleurs conscients. La grève, c'est la révolte d'une minorité. De même la grève générale : « Qu'elle » ait le caractère révolutionnaire ou purement réfor- » miste..., elle est la conséquence de l'effort de mino- » rités conscientes qui, par leur exemple, mettent en » branle et entraînent les masses » (3). Il faut voir avec quel dédain les révolutionnaires traitent ces masses composées de « zéros humains » (4), de « veules », de « pieds-plats toujours contents de l'exploitation » (5), pour comprendre l'acharnement qu'ils mettent à combattre la représentation proportionnelle dans les congrès de la C. G. T. Ce sont les « minorités qui portent en

---

(1) Pouget, cité par Pawlowski, La Confédération générale du Travail, p. 51.

(2) Ibid.

(3) La grève générale et le socialisme, p. 50 (extraits d'une brochure).

(4) Pouget, La Confédération générale du Travail, broch. II, p. 37.

(5) Pouget, cité par Pawlowski, La Confédération générale du Travail, p. 51.

elles l'avenir » (1). Or, la représentation proportionnelle
étoufferait ces « minorités ». Elle aurait pour résultat de
« permettre aux masses plus nombreuses et plus pon-
» dérées de paralyser les minorités conscientes et serait
» ainsi un instrument de réaction » (2). Or, il importe
au plus haut degré que ces minorités ne soient pas
entravées dans leur œuvre réformiste et révolutionnaire, d'autant plus que les masses indifférentes béné-
ficient elles-mêmes des avantages acquis par les minorités.

Quels sont donc les moyens d'action des minorités
conscientes? On a vu que la fin du syndicalisme est la
destruction du patronat et de l'État. Tel doit donc être
le but de leurs efforts. Il y aura des luttes dirigées et
contre le patron et contre l'État; il y aura des luttes
quotidiennes, en attendant la bataille décisive qui renversera la société.

Contre le patron, les ouvriers emploieront les grèves.
Elles habitueront l'ouvrier à la lutte. Elles l'encoura-
geront à défendre ses intérêts personnels. Et en même
temps, elles seront une préparation à la grève générale.
Aucun autre moyen d'action ne peut donner de meilleurs résultats, car les grèves frappent le patron à un
endroit sensible. Elles l'atteignent dans ses bénéfices.

---

(1) Pouget, dans un article sur le congrès de Bourges, *Mouvement socialiste*, novembre 1904.

(2) Pouget, dans un article sur le congrès de Bourges, *Mouvement socialiste*. novembre 1904.

Considérées dans leur ensemble, sont-elles réellement favorables à la classe ouvrière? La hausse des salaires compense-t-elle tous les gains perdus par l'arrêt du travail? Ce calcul est l'affaire des économistes. Il sera difficilement exact, parce que l'on négligera par force des éléments importants. Comment connaître tous les cas où une simple menace de grève a abouti à la réussite? Comment connaître exactement les résultats de la grève, c'est-à-dire le nombre d'ouvriers qui ont bénéficié de son succès? Nombreux sont les non-grévistes qui bénéficieront d'une hausse de salaire à la suite d'une grève victorieuse de leurs camarades.

Il est cependant indéniable que dans beaucoup de cas les grèves créent plus de misère qu'elles n'en atténuent. Et les ouvriers eux-mêmes ont de tout temps avoué les ruines entraînées par certaines grèves. *La grève générale a même été pendant un temps proposée comme un remède aux grèves partielles.* Les ouvriers devaient s'abstenir désormais d'y recourir et se pré- -parer sans relâche à la grève générale. Depuis, on a eu malgré tout une foi moindre en cette dernière en prétextant de l'état rudimentaire de l'organisation ouvrière. Les ouvriers n'ont donc pas renoncé aux escarmouches quotidiennes, mais ils ont essayé de les généraliser.

La grève a d'abord été « généralisée » par la force des choses.

Après la construction de ces usines immenses employant des milliers d'ouvriers, les grèves prirent

nécessairement plus d'ampleur qu'au temps où le travail était moins concentré. Les ouvriers s'appliquèrent
à les étendre davantage encore. La concentration même
du travail rendait leur entente plus aisée. De la grève
d'une grande usine à la grève généralisée à une localité, il n'y avait qu'un pas. Il fut vite franchi. On sait
que depuis 1895 le syndicalisme reconnaît l'utilité « des
grèves générales par industries ». Et l'on ne peut pas
contester les résultats qui ont été acquis grâce à elles.
C'est la véritable grève générale pratique. Bien souvent
la simple menace de la déclaration d'un si redoutable
conflit a amené les patrons à accorder, sinon entière
satisfaction, du moins des concessions importantes aux
travailleurs. D'autres grèves de ce genre se sont termi-
nées par des échecs retentissants. Mais, le plus souvent, les patrons font tous leurs efforts pour empêcher
le conflit d'éclater et vont jusqu'à la limite des concessions possibles. C'est dire à quel point ils le redoutent
et les pertes qu'il est susceptible d'entraîner pour eux.
Non seulement une grève généralisée est redoutable
par ses conséquences matérielles, mais aussi par ses
conséquences morales. Un échec peut laisser subsister
parmi les ouvriers un état d'esprit lamentable. A la
grève généralisée se substitue alors un sabotage général et c'est pour longtemps peut-être la désorganisation
de l'industrie. D'un rapport (8 mars 1911) adressé au
ministre des Travaux Publics par le directeur du con-
trôle commercial au sujet de la crise des transports

qui sévit sur le réseau du Nord, *à la suite* de la grève
des cheminots d'octobre 1910, j'extrais ces quelques
passages : « Nombre d'agents des chemins de fer ne tra-
» vaillent plus avec un dévouement sans réserve pour
» la compagnie : *c'est le principe du moindre effort qui*
» *domine chez eux*.....

« Dans un organisme industriel de l'importance d'une
» compagnie de chemins de fer, une grève, même peu
» prolongée, *détermine dans le personnel une perturba-*
» *tion morale, dont les effets*..... ne sont pas de ceux
» qui s'effacent rapidement ou facilement ».

Et les conséquences lointaines d'un tel conflit ? Est-il
seulement possible de les mesurer ? Peut-on évaluer
les ruines qu'entraînent ces paralysies partielles de la
vie nationale ? Il y a là un danger permanent et into-
lérable. M. Colson propose un juste criterium pour
juger de la licéité de telles grèves et indique d'énergi-
ques remèdes (1). Un État, si libre qu'il soit, se doit de
réprimer de *telles révoltes*, car c'est le qualificatif qui
convient à ces grandes grèves et c'est avec raison que
M. Briand voyait dans la grève des chemins de fer de
1911 un « mouvement insurrectionnel ».

Grèves et grèves généralisées (2) sont complétées par
le boycottage et le sabotage. Tous ces moyens d'action

---

(1) Colson, *Organisme économique et désordre social*, p. 250 à
260.

(2) Cf. Griffuelhes, *L'Action syndicaliste*, p. 35 et suiv.

qui sont presque toujours dirigés contre le patronat, peuvent être aussi dirigés contre l'État. Telles sont ces grèves de 24 ou de 48 heures par lesquelles les ouvriers d'une certaine industrie se rappellent à l'attention du Parlement qui semble négliger le vote de lois qui les concernent. Mais elles ont plutôt le caractère de manifestations que de véritables grèves. Contre l'État, en effet, le syndicalisme emploie la pression extérieure (1). Il pousse à de grandes campagnes comme celles qui furent faites à propos de la suppression des bureaux de placement ou de la loi sur le repos hebdomadaire. Il a recours aux réunions, aux manifestations dans les rues, aux grèves de solidarité etc... Il ne dédaigne pas non plus les entrevues avec les gouvernants. Il connaît l'emploi des délégations aux ministères ou aux groupes des Chambres.

Tels sont les divers moyens d'action par lesquels le syndicalisme arrache tous les jours, *par la force*, des concessions à la classe bourgeoise. Par la force, car même quand les délégués se rendent auprès des patrons ou du gouvernement pour tâcher d'arriver à une entente, ils n'ont pas le caractère de solliciteurs, mais de protestataires (2).

Toutes ces concessions péniblement arrachées ne peuvent pas satisfaire le syndicalisme. Les réformes

---

(1) E. Pouget, *La Confédération générale du Travail*, p. 47.

(2) G. Yvetot, *Article dans le Mouvement socialiste*, 1905.

obtenues ne lui font pas perdre de vue son but révolutionnaire. Il doit viser à la *destruction du patronat et
de l'État, et à cette fin il préconise la grève générale
comme unique moyen d'action.*

Il est nécessaire que les moyens de production soient
socialisés ; il faut organiser « le travail libre dans la
société libre », le travail sans patron dans une société
sans autorité, sans gouvernement. Ce rôle c'est aux
minorités conscientes à le remplir, à le remplir au
moyen de la grève générale, par la force. Les syndicalistes, en effet, « partagent avec tous les apôtres ce
» caractère commun de vouloir imposer par la force
» l'idéal qu'ils croient destiné à régénérer le monde » (1).

La grève générale est donc *le couronnement de la
théorie syndicaliste.* Elle est le sommet d'un tout dont
toutes les autres parties peuvent lui être subordonnées.
Si les ouvriers pratiquent les grèves, c'est pour s'exercer
à la lutte ; s'ils organisent des grèves généralisées, c'est
pour se préparer à la grève expropriatrice ; s'ils sont
saboteurs et antimilitaristes c'est afin de pouvoir réaliser
la grève générale, afin de la rendre efficace.

Les grèves, les grèves généralisées, le sabotage et
l'antimilitarisme *sont les compléments nécessaires de
la grève générale.* Ce sont les diverses étapes d'un plan
général qui a pour but final la grève expropriatrice

_____

(1) G. Le Bon, *Psychologie politique,* p. 360.

violente. Témoin ce plan de propagande présenté par
M. Pouget au congrès d'Amiens :

1° Grèves générales par corporations assimilables à
des manœuvres de garnison ;

2° Cessation du travail partout à date fixe. Grandes
manœuvres ;

3° Arrêt général et complet mettant le prolétariat en
guerre ouverte avec la société capitaliste ;

4° Grève générale. Révolution.

Cette révolution, il faut qu'elle se fasse coûte que
coûte. Il faut la réaliser. Or, le principal obstacle c'est
l'armée. Les syndicalistes sont bien antipatriotes pour
une raison toute théorique parce que « l'idée de patrie
» est l'expression symbolique de la collaboration des
» classes... (et) signifie qu'une solidarité supérieure
» confond les différentes classes dans la même unité
» nationale » (1).

Et leur antimilitarisme découle de leur antipatriotisme.
Mais ils sont avant tout antimilitaristes pour une raison
pratique, parce que chaque jour l'armée fait échec à
leurs grèves (2), parce que surtout, au jour de la Révolution c'est l'armée qui leur barrera la route. L'antimilitarisme s'impose à eux parce que la suppression de
l'armée est nécessaire pour le succès de la grève géné-

---

(1) Lagardelle, *Mouvement socialiste,* janvier 1906. V. une critique de l'idée de patrie dans Griffuelhes : *L'action syndicaliste,*
p. 37 à 43.

(2) Cf. Griffuelhes, *op. cit.*, p. 21.

rale. « On n'a jamais fait une révolution contre l'armée »
et c'est son attitude qui doit décider de l'échec ou du
triomphe de la grève générale (1). Si, dans l'insurrection que nous décrivent MM. Pataud et Pouget, on
assiste au triomphe des révolutionnaires, c'est parce
que l'armée est impuissante à remplir à la fois des
fonctions de production (2) et des fonctions de police (3),
c'est parce qu'elle est débordée dans la province. Si le
gouvernement ne peut plus barrer la route à la Révolution, c'est parce qu'il n'a plus à son service qu'un
fantôme, la propagande antimilitariste ayant porté ses
fruits et les troupes se désunissant lentement en attendant le jour de leur dissolution définitive (4).

Et la grève générale une fois victorieuse, il faut
encore assurer son efficacité. Il faut que la révolution
soit irrévocable. Il faut que les lâches ne puissent pas
reprendre le travail et annuler ainsi tout l'effort de la
minorité consciente. Et ici apparaît la nécessité du
sabotage. Sans doute, ce n'est pas sans une « certaine
tristesse » que l'on envisage l'utilité de la destruction.
Mais, qui veut la fin veut les moyens (5). Il faut absolument « doubler la grève des bras de la grève des

(1) Pataud et Pouget, *Comment nous ferons la révolution*, p. 86.
(2) Pataud et Pouget, *Id.*, p. 36, 54.
(3) Pataud et Pouget, *Id.*, p. 112 et 113.
(4) Pataud et Pouget, *Id.*, p. 191.
(5) Pataud et Pouget, *Comment nous ferons la révolution, passim*
(p. 23, 40, 55, 88) et p. 57 et 58.

» machines ». « Les travailleurs conscients se savent
» n'être qu'une minorité et ils redoutent que leurs
» camarades n'aient pas la ténacité et l'énergie de résis-
» ter jusqu'au bout. Alors, pour entraver la désertion
» de la masse, ils lui rendent la retraite impossible : ils
» coupent les ponts derrière elle » (1).

Les syndicalistes comptent sur le sabotage pour
assurer le triomphe de la grève générale non seulement
à l'intérieur, mais encore à l'extérieur. C'est, en effet,
au moyen d'un sabotage aussi fantasque que gigantes-
que que MM. Pataud et Pouget repoussent l'invasion
étrangère et sortent victorieux de la guerre finale (2).

Cette *grève générale* dont on prétend ainsi pouvoir
assurer la triomphale durée, et qui doit conduire le
prolétariat à la pleine possession de ses droits sur
l'usine et sur l'atelier, que sera-t-elle?

Bien des changements se sont produits au cours des
temps dans les conceptions de la grève générale, et ils
peuvent être regardés à bon droit comme autant de
défaites successives de l'idée. A chaque transformation
qu'elle a subie, elle a perdu un peu de sa force et de sa
toute puissance premières.

---

(1) E. Pouget, *Le sabotage*, p. 47.
(2) Les routes seront défoncées, les ruisseaux rouleront des
produits noscifs, l'eau des puits sera infectée, etc., etc. Cf
Pataud et Pouget, *op. cit.*, p. 256 et 258.

On l'a d'abord conçue comme devant être universelle,
et c'est sous cette forme que l'idée owenite reparut
dans l'Internationale. L'universalité de la grève était
une des conditions absolument essentielles de sa réussite. Abandonnée à nouveau et tombée dans l'oubli, la
grève générale ressuscite vers 1886, mutilée, amputée
de cet élément essentiel auquel on attachait, avec raison, un grand prix en 1873 : le caractère international.

A mesure que l'idée grandit maintenant dans quelques pays, on envisage la possibilité d'une résistance
purement passive. On songe à « tuer la vieille société
par l'inertie ouvrière » (1). Il suffirait aux travailleurs
de cesser de produire pour faire s'écrouler le régime
capitaliste. On avait enfin trouvé le moyen *de faire la
révolution sociale :* il fallait « se croiser les bras ».
C'était le prolétariat qui par son travail créait seul toute
la richesse. C'était lui « le bœuf, qui, la tête prise au
» joug, toujours courbé vers la terre, avait sans fin ni
» trêve creusé le dur sillon, le fécondant de sa sueur.
» Et voici que le bœuf, las de trimer sous l'aiguillon,
» s'arcboutait sur la terre fraîche et, relevant le front,
» sondait l'avenir » (2). Voici qu'il s'arrêtait dans une
immobilité lourde de menaces.

Cette grève fantastique apparaissait comme prochaine. Un comité d'organisation se forma pour pré-

(1) Briand.
(2) Pataud et Pouget, *op. cit.,* p. 27.

parer la grève générale. Il recueillait les souscriptions. Ailleurs, on imaginait d'énormes magasins d'approvisionnement pour permettre à la classe ouvrière de subsister pendant le temps où elle allait faire la preuve de sa force et dénoncer de façon saisissante le parasitisme capitaliste.

Mais du rêve il fallut bientôt passer à la réalité! Après des échecs répétés de grèves généralisées, il fallut se rendre à l'évidence, tenir compte de difficultés insurmontables. L'organisation de la grève générale dépassait les forces humaines. On attendit alors sa venue d'un concours de circonstances échappant à toute prévision. Nul homme ne pouvait la décréter. Elle éclaterait un jour, fatalement, au plus fort de la maturité de l'organisation ouvrière. C'était se réfugier dans un fatalisme commode.

Tout en reculant ainsi l'échéance de la grève générale sans jamais plus lui assigner de date certaine, on déformait insensiblement la notion première; le « bœuf » ne devait pas seulement cesser le travail, il devait encore se retourner contre son maître et s'emparer de la charrue. La forme de la grève devait se modifier. On s'aperçut que si les travailleurs restaient les bras croisés, « nulle autre perspective n'apparaissait, hormis, à » délai bref, la détresse, la famine » (1). C'était reconnaître le concours indispensable du capital à la pro-

_____

(1) Pataud et Pouget, *op. cit.*, p. 69.

Saulière   13

duction, son rôle de producteur des richesses. On allait vouloir s'en emparer. A l'idée de grève générale pacifique succéda ainsi l'idée de grève générale violente.

On dit couramment que la grève générale expropriatrice est d'origine anarchiste. Rien n'est plus faux. Dès 1835, elle faisait partie, en Angleterre, du programme de l'owenisme. Elle est née dans la classe ouvrière de l'échange des idées entre les travailleurs, voilà sa seule et véritable origine. Personne ne peut se vanter de l'avoir le premier découverte. Son développement se fit en même temps que le développement des organisations syndicales. La grève générale est donc antérieure à l'anarchisme (1). On peut dire que Mirabeau l'annonçait déjà quand il disait aux nobles cette parole fameuse (2) : « Prenez garde! n'irritez pas ce peuple » *qui produit tout et qui, pour être formidable,* n'aurait » qu'à être immobile ».

Mais ce qui est vrai, c'est que l'anarchisme n'a pas été étranger au développement de la conception de grève générale violente. Il est curieux de noter qu'alors que l'anarchisme pur est une conception tout à fait utopique, ce sont précisément les anarchistes qui ont efficacement contribué à l'insuccès de l'idée utopique de grève générale légale et pacifique. Cela est incontes-

---

(1) Il y eût de tout temps des manifestations d'anarchisme. Mais les véritables précurseurs de la doctrine actuelle sont Proudhon et Stirner.

(2) Citée par Jaurès, *La grève générale et le socialisme*, p. 111.

table. On peut le voir en reprenant seulement quelques
points du long historique qui précède. La grève générale apparaît dès le début de l'Internationale au congrès de Genève (1866). Elle y est apportée par les
Anglais. C'est donc une renaissance de l'owenisme.
Elle apparaît avec un caractère pacifique, légal. C'est
un simple refus de travail généralisé en vue de la hausse
des salaires sans aucune idée de violence. Que l'on
tourne quelques pages de l'histoire de l'Internationale
pour arriver en 1873 ! L'influence de Bakounine a fait
son œuvre Les Wallons, les Espagnols, les Italiens,
les Jurassiens ont adopté les idées de l'anarchiste russe.
Aussi la grève générale est-elle discutée maintenant à
Genève comme devant conduire à l'expropriation des
classes possédantes et comme l'équivalent de la révolution *violente*. La grève générale violente reparaît à
Chicago, en 1886, dans les milieux anarchistes. Elle est
discutée à Paris, en 1887, par les anarchistes militants.
En Belgique, elle est préconisée par un groupe anarchiste de Liége.

Bientôt, cependant, l'influence du parti ouvrier
belge grandit et devient dominante. Les Wallons, isolés,
échouent dans leurs tentatives de révolte. Le P. O. B.
proclame la nécessité pour la grève générale d'être
pacifique et légale. C'est avec ces caractères qu'elle va
désormais se développer en France. Ceux qui s'en font
les champions adoptent cette manière de voir. Certains
anarchistes même, comme Pelloutier, acceptent ce

caractère pacifique et légal. La grève générale est
ainsi triomphalement adoptée au congrès de Nantes
(1894) *au plus fort de la répression anarchiste.* Depuis,
les anarchistes ont à nouveau coopéré au mouvement
ouvrier. Leur influence est loin d'avoir été étrangère au
succès définitif de la grève expropriatrice et violente.
« Depuis cette époque, des anarchistes ont pris une part
» active au mouvement syndicaliste, et cela est fort
» compréhensible. En ce mouvement ils découvraient,
» mises en action, la plupart de leurs théories, sinon
» toutes. De plus, les fins révolutionnaires poursuivies
» par les syndicats (s'identifiaient) avec l'idéal anar-
» chiste. Le fédéralisme économique, qu'ils (entre-
» voyaient) comme devant s'épanouir sur les ruines de
» la centralisation étatiste et capitaliste avec les grou-
» pements de production, de circulation et de réparti-
» tion pour base solide..., qu'(était-il) sinon le commu-
».nisme libertaire? » (1). Les anarchistes entraient donc
dans le syndicalisme. Désormais en contact avec des
réalités, ils étaient amenés à abdiquer de leur idéalisme.
Ils avaient pensé à la révolution, à l'abolition de toute
autorité. Mais ils ne connaissaient pas de moyens de
détruire sûrement (2). Le syndicalisme leur offrait la

---

(1) Pouget, *Mouvement socialiste,* janvier 1907, article sur le
congrès d'Amiens.

(2) Cpr. Sorel : « Beaucoup d'anarchistes finirent par se lasser
» de lire toujours les mêmes malédictions grandiloquentes lan-
» cées contre le régime capitaliste, et ils se mirent à chercher

grève générale. En échange, ils lui apportaient leur esprit révolutionnaire.

La grève générale qui allait désormais devenir le drapeau du syndicalisme allait être *un mélange des deux conceptions pacifique et violente, pour former bientôt un tout indivisible.*

La grève générale, c'est, suivant M. Ed. Berth, « *la prise révolutionnaire des instruments de production* ». C'est, suivant le même auteur, un « indivisible mouvement à deux temps : premier temps, refus collectif de travail, arrêt général de l'immense système productif; deuxième temps : mainmise révolutionnaire sur ce système par la classe ouvrière (1).

La classe ouvrière démontre d'abord sa puissance « par un acte formidable et simple : en se croisant les bras » (2). Cet acte seul suffit à ébranler le régime capitaliste. On lui porte ensuite les derniers coups en s'emparant des instruments de production, des usines, des banques et des grands domaines (3).

Telle est la grève générale syndicaliste, nécessaire-

» une voie qui les conduisit à des actes vraiment révolutionnai-
» res; ils entrèrent dans les syndicats, qui, grâce aux grèves
» violentes, réalisaient tant bien que mal cette guerre sociale
» dont ils avaient si souvent entendu parler ». *Réflexions sur la violence*, p. XLII.

(1) *Mouvement socialiste*, 15 novembre 1904.

(2) Pataud et Pouget, *op. cit.*, p. 64.

(3) Pataud et Pouget, *op. cit.*, p. 51, 122, 210.

ment violente (1). Sans doute, elle ne se réalisera pas
dans un avenir prochain. Du temps est nécessaire pour
sa préparation et les syndicalistes reconnaissent qu'elle
ne peut pas être décrétée. Personne ne peut la prévoir.
Elle éclatera subitement quand la classe ouvrière aura
atteint un degré suffisant de maturité, quand les travailleurs seront assez unis et fortement organisés pour
pouvoir persévérer dans la lutte sans défaillance, quand
ils seront assez sûrs d'eux-mêmes, assez instruits pour
pouvoir sans crainte s'emparer des instruments de travail et continuer seuls la production.

Toutes ces conditions indispensables, ne sont pas de

---

(1) *Bibliothèque du mouvement prolétarien.* Brochure IV :
« L'autorité patronale est faite de violence et seule la force peut
» la supprimer », p. 15. « La grève générale, dans son expres-
» sion dernière, n'est pas pour les milieux ouvriers le simple
» arrêt des bras; elle est la prise de possession des richesses
» sociales... Cette grève générale, ou révolution, sera violente ou
» pacifique selon les résistances à vaincre », p. 33.

Id. Brochure II. Le « refus de continuer la production... ne sera
» pas purement négatif; il sera concomitant à la prise de posses-
» sion de l'outillage social et à une réorganisation sur le plan
» communiste, effectuée par les cellules sociales qui sont les
» syndicats », p. 49.

La grève générale et le socialisme, p. 55. « ... si la grève géné-
» rale se limitait à la suppression de la vie sociale, elle pourrait
» entraîner de grandes déceptions pour la classe ouvrière. Aussi,
» sera-t-il nécessaire de parer au plus vite à cette éventualité ;
» les travailleurs ne devront pas se borner à la grève des bras
» croisés, mais s'employer de suite à la mise en commun de l'ou-
» tillage social... »,

celles qui peuvent se réunir en un jour. Aussi aucun écrivain syndicaliste ne s'est-il avisé d'assigner une échéance à la grève générale (1).

De même que nous manquons de précisions sur le moment où éclatera la grève générale, de même aucun auteur ne lui a consacré de minutieuses descriptions. C'est à peine si l'on sait que la prise des instruments de production commencera dans les villes ouvrières, que les campagnes seront gagnées peu à peu. Partout se créeront des foyers révolutionnaires, dans toute la France, et c'est cette dispersion qui rendra la grève générale invincible. Il y aura des résistances car les bourgeois ne se laisseront pas déposséder facilement. Mais finalement, la victoire restera à la force, c'est-à-dire aux ouvriers (2). Il faudra donc employer la force, livrer une véritable bataille. Le syndicalisme n'a plus aucun souci de la légalité. Il en a même un profond mépris. Tout au plus peut-on dire qu'une telle grève « commence dans la légalité, avec la légalité » (3). Mais elle finit dans la violence, peut-être dans le sang. Les revolvers sortiront des poches, on pourchassera les agents de police ; on dévalisera les boulangeries, épice-

---

. (1) «..... Nous n'entendons pas fixer le jour ni l'époque qui mettra aux prises salariés et salariants. Il n'appartient à nulle force humaine de l'indiquer ». Broch. IV, *op. cit.*, p. 33.

(2) Grève générale réformiste et grève générale révolutionnaire, *passim*. Pataud et Pouget, *op. cit.* ; *passim*.

(3) *La grève générale et le socialisme*, p. 95 (Briand).

ries, boucheries. La mise à sac des dépôts d'armes permettra à la classe ouvrière de prendre l'offensive et dans la mêlée terrible, des représailles s'exerceront peut-être ainsi que de basses et cruelles vengeances (1). Ce n'est plus une grève, c'est une insurrection sanglante. C'est la Révolution ; c'est la révolte des ouvriers.

Or, pour faire une révolution, il faut nécessairement se grouper fortement, il faut quitter le travail pour aller combattre. Toute révolution, toute révolte implique nécessairement au préalable l'idée de cessation de travail, d'un arrêt dans la production. Mais le premier temps (cessation du travail) n'a que la durée d'un éclair ; le second seul (révolution) importe. Ainsi la grève générale n'est pas une chose nouvelle. C'est tout simplement la révolution que les socialistes attendent depuis que le socialisme existe. C'est, d'après la description que nous en donnent MM. Pataud et Pouget, une insurrection violente *simplement précédée* de grandes grèves corporatives parisiennes et régionales. Quand les socialistes proclamaient la nécessité de la révolution sociale, quand ils proclamaient simplement la nécessité de se préparer à la lutte « révolutionnaire et finale », ils étaient aussi avancés que ceux qui vont aujourd'hui prêchant la grève générale. Il est donc vain de dire : « C'est par la » grève générale que nous réaliserons la révolution ». Cela avait un sens au temps où la conception pacifique

(1) Pataud et Pouget, *op. cit.*, p. 49, 72, 80, 90, 115, 117.

et légale dominait le monde ouvrier. Cela n'en a plus aujourd'hui. Autant dire : « C'est par la révolution que nous réaliserons la révolution ». En abandonnant la grève générale pacifique et légale pour la grève générale violente, on a abandonné la grève pour la révolte. *La grève générale n'est donc pas un moyen nouveau de faire la révolution, c'est la révolution elle-même.* C'est « l'épanouissement de la violence prolétarienne » (1).

Telle est la conception des militants ouvriers : la grève générale reste l'épée de Damoclès suspendue sur le monde capitaliste. Les docteurs du syndicalisme ont été plus loin encore, en niant la réalité de la grève générale. Elle échappe à toute description et fait partie du domaine de l'inconnu. On ne peut pas la résoudre « en une somme de détails historiques; il faut s'appro- » prier son tout indivisé et concevoir le passage du » capitalisme au socialisme comme une catastrophe dont » le processus échappe à la description » (2). La grève générale est une tradition qui se transmet de générations en générations, et qui représente bien sous une forme allégorique ce phénomène historique qu'est la lutte des classes. La grève générale est « *un mythe social* » et « c'est l'ensemble du mythe qui importe seul ». « Il » importe peu que la grève générale soit une réalité » partielle ou seulement un produit de l'imagination

---

(1) Ch. Brouilhet, *op. cit.*, p. 279.
(2) G. Sorel, *Réflexions sur la violence.*

» populaire. Toute la question est de savoir si la grève
» générale contient bien tout ce qu'attend la doctrine
» socialiste du prolétariat révolutionnaire ». (1). Or, la
grève générale « démontre clairement la séparation des
» intérêts ». La société est bien divisée en deux classes
et en deux seulement. De plus, le prolétariat comprend
que, grâce à elle, il s'emparera sûrement de l'outillage
social. Tout dépend de lui, il n'a qu'à agir. La grève
générale est un drapeau, un moyen de persuader les
masses qu'elles sont assez puissantes pour faire la révolution (2). C'est une image susceptible d'entraîner les
foules et de les pousser à la destruction. Image qui
peut être pour les travailleurs d'une netteté extraordinaire, car « la conception *d'une amplification* subite de
» cet acte journalier qu'est la grève rentre normalement
» dans la psychologie ouvrière » (3).

C'est une formule que chacun comprend à sa façon,
qui éveille confusément dans les esprits l'image d'une
société future dorée par l'imagination populaire. Loin
de nuire au syndicalisme, l'obscurité qui plane sur la
transformation de la production en fait sa force. « Le
» défaut de notions nettes sur la société future n'ébranle

---

(1) G. Sorel, *Réflexions sur la violence,* p. 95.

(2) *Bibl. du Mouvement prolétarien,* broch. I : « L'essentiel, c'est
que « le passage de la société capitaliste à la société socialiste
» soit conçu par les masses ouvrières comme un acte réalisable »,
p. 51.

(3) *Bibl. du Mouvement prolétarien,* broch. I, p. 5.

» pas plus..... (la foi des syndicalistes) que l'imprécision
» des doctrines sur le Royaume de Dieu n'ébranlait celle
» des premiers chrétiens » (1).

On s'est plu à démontrer ces analogies entre le socialisme et le christianisme primitif, et l'on a dit que les
syndicalistes attendaient la révolution sociale avec la
même foi que celle des premiers chrétiens espérant
ardemment le bouleversement formidable annoncé par
le Christ. Sans doute, on peut ainsi relever quelques
analogies, mais ce sont des analogies grossières. Du
christianisme, le syndicalisme rejette toute l'élévation
morale. Il a fait une apologie de la violence et s'est
adressé à l'envie et aux plus bas instincts de l'homme.
S'il y a jamais des « martyrs socialistes », ils n'auront
guère obéi à de nobles mobiles.

Et d'ailleurs, si l'on prétend voir dans le socialisme
une religion nouvelle, il faut reconnaître que du domaine des religions il a rejeté la partie surnaturelle, et
c'est ce qui peut faire sa faiblesse. Les divinités, en
effet, ne viennent pas apporter des confirmations ou
des contradictions aux dogmes sacrés; elles se confi-
nent dans un morne silence. Elles ne viennent pas
ralentir le zèle de leurs fidèles. L'au-delà reste dans
toutes les religions toujours mystérieux. La religion
socialiste, au contraire, se heurte aux faits, parce qu'elle
s'attaque à leur domaine, et de longs siècles lui don-

(1) Colson, *op. cit.*, p. 37.

nent un cruel démenti : de tout temps, il y a eu des
inégalités sociales, et, si l'on a pu les adoucir, on n'a
pas pu les faire disparaître.

La grève générale, elle aussi, se heurtera aux faits.
Les essais tentés ont été souvent plus que découra-
geants, et cette foi si vive, si ardente, cette foi presque
mystique en sa venue, pourrait bien se ralentir.

Il est bien difficile cependant de prévoir l'avenir de
la grève générale et il est impossible de la critiquer en
elle-même. On ne peut que se demander d'abord, si une
révolution ouvrière est possible, si l'on assistera dans
l'avenir à une insurrection sanglante — et cela relève du
domaine de la prophétie ; ensuite, si la grève générale
peut préparer cette révolution et la provoquer en entraî-
nant les masses — et cela relève de la psychologie des
foules. Il ne servirait à rien de dresser un tableau des
difficultés innombrables qui s'opposent à la grève
générale (1). Les principales critiques devraient porter

---

(1) On peut faire remarquer toutefois le faible nombre des
révolutionnaires. « On compte 11 millions de travailleurs répar-
» tis sur toute l'étendue du territoire français. 950.000 seulement
» sont syndiqués. Sur ce million, ou à peu près, de syndiqués,
» 400.000 peut-être se rattachent à la C. G. T. Mais 250.000 au
» moins de ces 400.000 répudient les violences et les doctrines
» révolutionnaires » (A. Pawlowski, La Confédération générale du
Travail, p. 51).

Pour se rendre compte à quel point le mouvement révolutionnaire est superficiel, on peut faire état des impressions d'un
syndicaliste militant, M. Griffuelhes. Il suffit de se reporter à son

sur *sa durée possible*. En admettant, pour un instant,
que les masses soient capables, dans un moment d'enthousiasme, d'ébranler la société présente, seraient-
elles capables de *créer un régime* nouveau? Voilà la
question capitale, question qui met en jeu la conception
syndicaliste de la production et de la répartition.

C. Le syndicat, organe de reconstruction sociale.

La conception syndicaliste de la société future ne
peut qu'être effleurée ici, sous peine de dépasser le
cadre de cette étude.

On ne sait d'ailleurs rien de bien précis ni de bien
exact sur *le lendemain de la grève générale* (1).

« ... C'est aux groupements corporatifs, aux syndi-
» dicats, qu'incombera la besogne de prise de posses-
» sion des usines et ateliers; c'est eux qui, dans
» chaque industrie, en se mettant en rapport avec leur
» fédération, régleront l'intensité de la production. Dans
» les Bourses du Travail devenues les ganglions nerveux
» de la nouvelle organisation sociale, afflueront les

Voyage révolutionnaire. Ce sont presque les notes de voyage d'un
véritable « désenchanté ».

(1) « Plus de dogmes ni de formules; plus de discussions vai-
» nes sur la société future, plus de plan compendieux d'organi-
» sation sociale... Il n'y a pas de place dans une telle conception
» pour les rêveries utopiques qui annoncent à date fixe le boule-
» versement de la société » (*Bibliothèque du mouvement prolétarien,* broch. I, p. 8).

» demandes de produits qui seront ensuite transmises
» aux groupements intéressés. Quant à la circulation,
» elle sera assurée par la Fédération des Trans-
» ports » (1).

Mais par quoi remplacer le moteur actuel du monde
économique ? Il y a longtemps qu'on a dit avec raison
qu'à l'intérêt personnel on ne pouvait substituer que le
dévouement à l'intérêt général, ou un principe autoritaire de direction.

De ces deux substituts, lequel choisit le syndicalisme?
Au premier abord, il semble que cette cité nouvelle,
basée sur une fédération de syndicats organisant librement la production (2), fasse appel à toutes les volon-
tés et compte *sur le libre jeu de la bonté des hommes*,
pervertie seulement par les institutions politiques et
économiques actuelles. En effet, la conception de la
nouvelle vie syndicaliste ne sera imposée à personne
au lendemain de la révolution. On tâchera de « convaincre », de persuader les masses au moyen de paroles
émues (3); nous sommes loin de la « chaussette à
clous » et des atrocités de la « chasse aux renards »!
L'autorité disparaîtra de ce monde. Tous les hommes
seront traités sur le pied d'égalité Nul ne sera plus le

---

(1) *La grève générale et le socialisme*, p. 56.
(2) Pataud et Pouget, *op. cit.*, p. 140, 141.
(3) Pataud et Pouget, *op. cit.*, p. 143, 148, 153, 168, 188.

salarié, le subordonné de quiconque (1). On verra
fleurir l'esprit d'entente et de concorde (2). Et alors le
dévouement à l'intérêt général se fera jour. Chacun
supportera allègrement le poids de sa tâche. On se sur-
mènera avec enchantement (3). Sans doute, cela fait
honneur à tous les habitants de la Cité future qui ne
peuvent qu'être fiers d'une telle confiance. Mais en rai-
sonnant ainsi, on spécule sur une transformation radicale du genre humain, sur une transformation si pro-
fonde, qu'il n'est pas téméraire de la juger utopique.

Il est probable que la discorde ne quitterait pas le
monde. Les querelles qui se font jour de notre temps,
d'individu à individu, se feraient jour de groupe à
groupe. *L'autorité* devrait nécessairement intervenir
dans ces rapports. Peut-on même douter de ce dénouement en voyant avec quelle facilité la C. G. T. se donne
aujourd'hui la mission de présider à la direction de la vie
ouvrière? Quoi de plus centralisateur que la C. G. T.?
Ne s'efforce-t-elle pas de faire mouvoir les masses au
doigt et à l'œil? Ne cherche-t-elle pas à « décréter »
les grèves? Ce n'est pas sans raison que l'on a parlé de
la « tyrannie syndicale » et de « l'armée prolétarienne ».
Le rôle de l'administration de la rue Grange-aux-Belles
sera-t-il terminé alors qu'elle aura conduit le proléta-

---

(1) Pataud et Pouget, *op. cit.*, p. 142.
(2) Pataud et Pouget, *op. cit.*, p. 109.
(3) Pataud et Pouget, *op. cit.*. p. 126 et 177.

riat à la grève victorieuse? Ne se considérera-t-elle pas, au contraire, comme l'organe désormais nécessaire pour coordonner, en dernier ressort, les efforts et les besoins? Et l'on verrait sans doute, tel le Phénix, l'État renaître de ses cendres, État bien plus autoritaire certes, et bien plus tyrannique que l'État « le plus gendarme », à en juger d'après les manifestations d'activité de son embryon. Peut on, en effet, raisonnablement penser que le Comité confédéral s'en tiendra à la seule fonction d'autorité que lui assignent MM. Pataud et Pouget : celle de bannir les auteurs d'actes antihumains... que le mépris de leurs semblables ne suffirait pas à amender? (1)

Les syndicalistes ne semblent guère se préoccuper que pour la forme de leur besogne au lendemain de la grève générale. Ils nous proposent, en somme, un saut dans l'inconnu.

Avant tout, la transmission des richesses ! Le reste viendra en son temps. Cette transmission des richesses, on a voulu, à un moment, la colorer de légalité en décorant du nom de grève un moyen de dépossession et de révolution inique. On a dû s'avouer vaincu dans ce maquillage de la réalité et reconnaître que la grève générale destinée à abattre le capitalisme n'était qu'une

(1) Pataud et Pouget, *op. cit.*, p. 189.

pure insurrection. Sans se laisser décourager par leurs échecs, les révolutionnaires poussent aujourd'hui les masses à la révolte. Le but nettement avoué de la C. G. T. n'est-il pas la destruction de l'État et le bouleversement de l'organisme économique ? Ses dirigeants sont passionnés de détruire. Ils espèrent que de la ruine de la société présente sortira comme par enchantement une société nouvelle. Sans plans de reconstruction précis, ils comptent avec une foi mystique sur une Providence invisible. Ils espèrent un concours de circonstances impossible à décrire qui fera régner une nouvelle justice. L'homme n'a pas à tout organiser. Les événements auront leur part dans la révolution future et dans l'établissement de la Cité définitive. Les événements? Oui : Providence, Hasard, Fatalité, quelque nom qu'on lui donne, on fait état d'une force inconnue et cachée sur laquelle on fonde beaucoup d'espoirs. Mais n'est-ce pas là un aveu dans le pouvoir créateur du laissez-faire ? N'est-ce pas un aveu dans la spontanéité des phénomènes économiques ?

Certes, on a souvent dépeint les individualistes comme planant au-dessus des réalités après avoir découvert la plus simpliste des panacées, comme fermant volontairement les yeux sur tous les maux inévitables qui résultent de la nature des choses et des hommes. C'était là et ce peut être encore un thème à railleries faciles. Mais n'est-on pas en droit de trouver que le souci des réalités manque quelque peu à ces ardents protagonistes de la grève générale ? Peut-on se permettre de faire remarquer qu'ils sont d'un optimiste jusqu'ici sans égal et qu'ils s'endorment dans une confiance par trop sereine... en l'avenir ?

Vu : *Le Président de la thèse,*

A. SOUCHON.

Vu : *Le doyen.*

P. CAUWÈS.

Vu et permis d'imprimer :

Le Vice-Recteur de l'Académie de Paris,

Pour le Vice-Recteur :

L'Inspecteur de l'Académie,

ISTRIA.

BIBLIOGRAPHIE

COLSON. — Cours d'économie politique.

— Organisme politique et désordre social.

CAUWÈS. — Cours d'économie politique.

GIDE et RIST. — Histoire des doctrines économiques.

BOURGUIN. — Les systèmes socialistes et l'évolution économique.

BROUILHET (Ch.). - Le conflit des doctrines dans l'économie politique contemporaine.

LE BON (Gustave). — Psychologie des foules.

— Psychologie du socialisme.

— Psychologie politique.

MILLERAND. — Le socialisme réformiste français.

WEILL (G.). — Histoire du mouvement social en France.

ZEVORT (E.). — Histoire de la troisième République.

GUILLAUME (James). — L'Internationale, 4 vol.

SYDNEY et BÉATRICE WEBB. — Histoire du Trade Unionism, traduit par A. Métin.

SEILHAC (L. DE). — Les congrès ouvriers en France, 1876-1897.

BLUM (L.). — Les congrès ouvriers et socialistes français, 1876-1900.

HAMON (A.). — Le socialisme et le congrès de Londres.

PELLOUTIER (F.). — Histoire des Bourses du Travail.

BERTRAND (L.). — Histoire du socialisme et de la démocratie en Belgique, 2 vol.

LAGARDELLE (H.). — La grève générale et le socialisme.

PAWLOWSKI (A.). — La Confédération générale du Travail.

SOREL (G.). — Réflexions sur la violence.

Pouget (E.). — Le Sabotage.

— La Confédération générale du Travail.

Delesalle (P.). — Les Bourses du travail et la C. G. T.

Guesde, Lagardelle (H.), Vaillant (E.). — Le parti socialiste et la
C. G. T.

Griffuelhes, Lagardelle. — Syndicalisme et socialisme.

Griffuelhes et Niel (Louis). — Les objectifs de nos luttes de
classe.

Griffuelhes. — L'action syndicaliste.

— Voyage révolutionnaire.

Berth (Ed.). — Les nouveaux aspects du socialisme.

Pataud et Pouget. — Comment nous ferons la Révolution.

Niel (Louis). — Deux principes de vie sociale.

Carcanagues. — Le syndicalisme réformiste. Thèse, Paris, décembre 1912.

Préaudeau (de). — Michel Bakounine. Thèse, Paris, 1911, 113.

Journaux et Revues :

Le Cri du Peuple.
Revue des Deux-Mondes.
La Revue socialiste.
Le Mouvement socialiste à partir de 1899.
Comptes rendus des congrès corporatifs, 1886-1906.

34.368. — Bordeaux, impr. Y. Cadoret, 17, rue Poquelin-Molière.

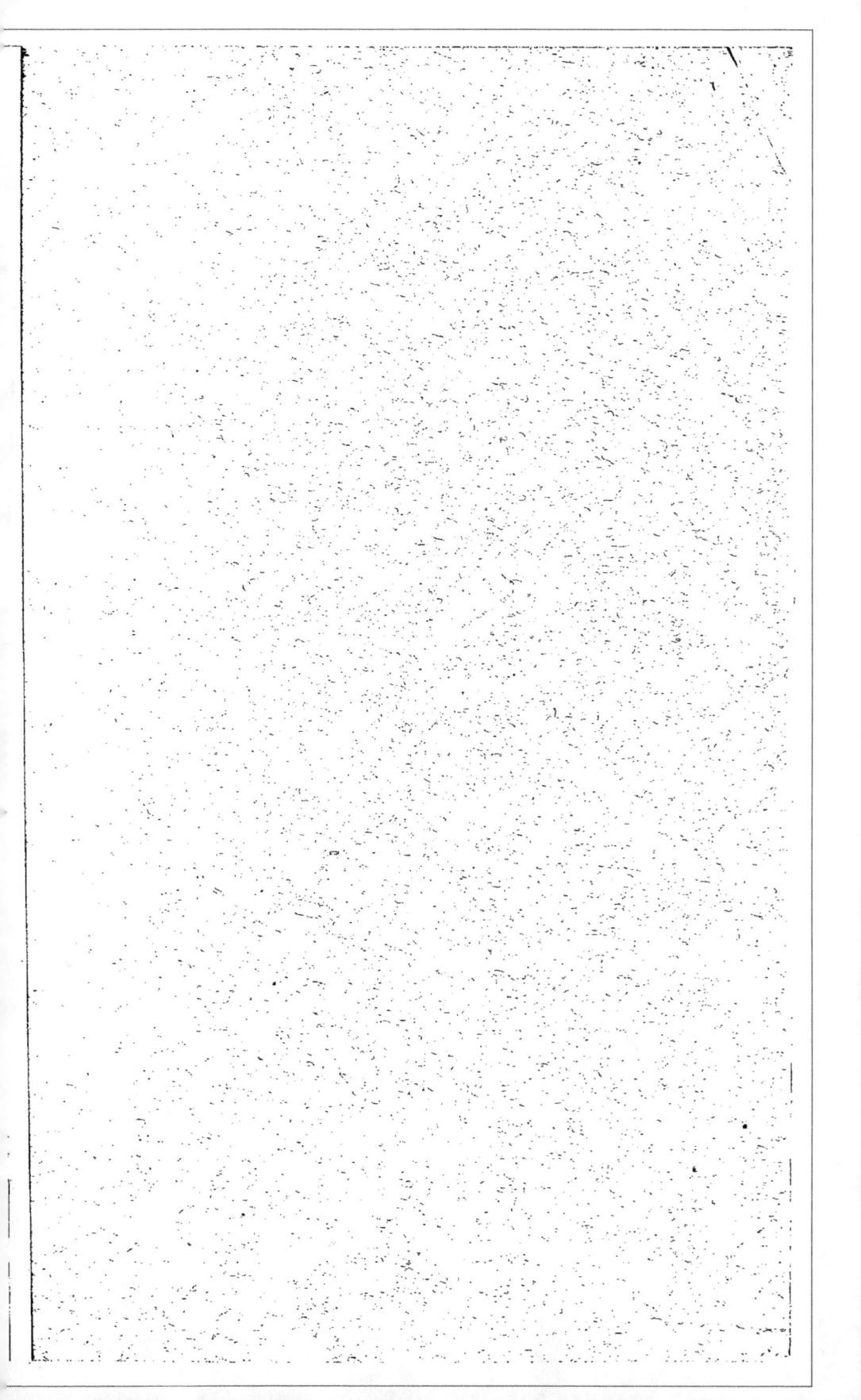

BORDEAUX
IMPRIMERIE Y. CADORET
17, rue Poquelin-Molière

BIBLIOTHEQUE NATIONALE DE FRANCE

3 7502 01856751 3

www.ingramcontent.com/pod-product-compliance
Lightning Source LLC
Chambersburg PA
CBHW071705200326
41519CB00012BA/2620